范勃 著

成器之道

史前至宋的陶瓷造型艺术

三联书店

Copyright © 2022 by SDX Joint Publishing Company.
All Rights Reserved.
本作品版权由生活·读书·新知三联书店所有。
未经许可，不得翻印。

图书在版编目（CIP）数据

成器之道：史前至宋的陶瓷造型艺术／范勃著．—北京：
生活·读书·新知三联书店，2022.5
ISBN 978-7-108-07295-5

Ⅰ．①成…　Ⅱ．①范…　Ⅲ．①古代陶瓷－造型艺术－鉴赏－中国
Ⅳ．① K876.3

中国版本图书馆 CIP 数据核字（2021）第 207326 号

策划编辑	唐明星
责任编辑	柯琳芳
装帧设计	薛　宇
责任校对	龚黔兰
责任印制	卢　岳
出版发行	生活·讀書·新知 三联书店
	（北京市东城区美术馆东街 22 号 100010）
网　　址	www.sdxjpc.com
经　　销	新华书店
印　　刷	天津图文方嘉印刷有限公司
版　　次	2022 年 5 月北京第 1 版
	2022 年 5 月北京第 1 次印刷
开　　本	635 毫米 × 965 毫米　1/16　印张 12
字　　数	139 千字　图 154 幅
印　　数	0,001-4,000 册
定　　价	88.00 元

（印装查询：01064002715；邮购查询：01084010542）

目 录

序　形式的中国　*1*

绪　论　*1*
一、相关学术史　*1*
二、问题的提出　*4*

第一章　早期陶瓷与青铜器　*7*
一、史前陶器的器形与纹样　*9*
　　（一）史前陶器纹饰的多种表现　*10*
　　（二）史前陶器器形的多种功能　*13*
　　（三）原始陶器与墓葬等级制度　*15*
　　（四）史前陶器的纹饰与器形的启发　*19*

二、商周陶器与青铜礼器　*21*
　　（一）商周陶瓷器发展概况　*21*
　　（二）陶器对青铜礼器的影响　*26*
　　（三）青铜器对陶瓷器的影响　*30*

三、秦汉陶器的造型与纹饰　*39*
　　（一）秦汉陶瓷概况　*39*

　　　　（二）楚文化对原始青瓷造型的影响　41

　　　　（三）质地与社会需求　43

小　结　45

第二章　隋唐陶瓷与外来金银器　47

一、丝绸之路与隋唐社会文化生活　49

　　　　（一）丝绸之路的开拓与早期中外文化交流　50

　　　　（二）唐代丝绸之路与社会好胡之风　53

二、唐代金银器的发展与西方文化　61

　　　　（一）唐以前的外来金银器　62

　　　　（二）唐代金银器的特色　64

　　　　（三）唐代金银器中的胡风　66

三、隋唐陶瓷之渊源　71

四、隋唐陶瓷器中的胡风　79

　　　　（一）胡瓶　80

　　　　（二）高足杯　96

　　　　（三）多曲长杯　101

（四）把杯　102

　　　（五）角形杯　104

　　　（六）扁壶　111

五、唐韵胡风长沙窑　119

　　　（一）萨珊、粟特文化对长沙窑的影响　121

　　　（二）伊斯兰因素在长沙窑瓷器中的体现　126

小　结　130

第三章　穿行古今的两宋陶瓷　133

一、两宋陶瓷的仿古风　135

　　　（一）宋瓷仿古举隅　135

　　　（二）隆礼制乐、帝王与博古类图谱　139

　　　（三）南宋陶瓷礼器　147

　　　（四）直观三代、儒士与仪礼　150

二、烧造中的"窑"与"样"　152

三、由玳瑁碗引发的思考　154

　　　（一）行为、法令及风气的变化　154

　　　（二）黑釉瓷与模拟自然　156

四、宋人的文化选择及审美取向　159

小　结　163

结　语　166

一、铜土混育：南北文化的多样与互动　167

二、西风东渐：社会风尚与文化碰撞　169

三、铄古铸今：穿越时空的对话　170

参考文献　175

后　记　181

序　形式的中国

15世纪出版的《托勒密世界地图》中，标志着中国的是两个位于当时已知世界最东端的国家，其中北方的国家叫"塞利卡"（Serica），南方的国家叫"秦尼"（Sinae）。这种地理知识并非文艺复兴的发明，而是文艺复兴作为目标所复兴的古代知识之一，至少可以追溯到公元150年希腊地理学家托勒密所著的《地理学》。"塞利卡"的意思是"丝国"，即生产古代世界奉若拱璧的珍宝——丝绸的国度；"秦尼"则来自一个真实国家的名称，今天的大部分学者均同意，它应该是古代东方世界闻名遐迩的强大王朝"秦"的遗存。在历史的长河中，尽管中国作为"丝国"依然故我，标示物质文化形态的"Serica"的名称却逐渐淡出，被人遗忘。长期以来，西方世界流行的标准称谓是作为地理名称的"Sinae"一词——其异写形式或"Sina"或"Chine"，而其中最著名的，当属其英文表达形式"China"。有意思的是，到了17世纪，"China"也再次获得了类似于"Serica"那样的物质文化形式，但这一次不再是"丝绸"，而是中国的另一种骄傲——令西方人魂牵梦萦的高端舶来品"瓷器"（chinaware），也令中国变成了一个梦幻般的"瓷国"。

然而在中国本土，瓷器从来都不是梦幻，而是一种真实存在。至少从商代中期开始，具有瓷器基本特征的原始青瓷已粉墨登场，这使得瓷器几乎与中国文明同时诞生。作者嘱我为他新出版的"小书"作序，尽管这部书的篇幅不足 200 页，却因为所处理的题材，具备了成为一部"大书"的资格。通读全书，我强烈而鲜明的是以下四个印象：

首先，本书在方法论上与坊间汗牛充栋的相关读物都有所不同，探索了对作为"艺术品"的中国陶瓷进行"艺术史"研究的路径。这种路径把研究的重点放在了陶瓷的造型问题上。在作者看来，陶瓷与绘画、雕塑一样，都属于造型艺术的行列，可以用艺术风格学的方式来加以把握。例如，作者注意到，早期陶瓷的器形存在着有意偏离功能的倾向，"转而去突出不合逻辑的结构形式与非实用目的的外观美感"，正是这种诉求成就了新石器时代龙山文化中蛋壳黑陶杯那纤细脆薄、空灵精细、令人叹为观止的造型之美。值得称道的是，在强调造型的同时，作者并没有过度夸大艺术家主观的艺术意志，而是将其放置在与不同材质和媒介相持相让的适应过程中加以动态描述。书中以大量的案例，揭示了陶瓷始而模仿金属器（商周青铜器、隋唐金银器），进而融合金属器的器形和纹饰，终而在造型、纹饰和釉色各方面，均创造出以宋代五大名窑瓷器为代表的那种登峰造极的杰作的完整过程。

其次，本书在年代上仅仅叙述到宋代，对于中国陶瓷史后半期辉煌的青花瓷和彩瓷时代不置一词，显属有意为之。宋代的物华天宝，作为中国古典文明的终结和近世文明开端的标志，无疑起着承前启后的作用。而上述年代序列的选择，犹如一次腰斩《水浒传》的行径，使中国陶瓷史在其第一个高峰期的花好月圆之际戛然而止，正是为了刻意宣示，前述从模仿、融合到创造的艺术生产过程已然完成。

再次，本书具体论述了这一生产过程的三个阶段，亦属匠心独运。第一个阶段在中国南（楚、吴越）北（中原）文化互动的语境下，讨论了商周青铜器与原始青瓷的跨媒介模拟与转换；第二个阶段在东西文化交流的语境下，追索了隋唐陶瓷器与西方（波斯、粟特）金银器的交融与汇合；第三个阶段在古今对话的语境下，探寻了宋代陶瓷以复古为创新的伟大成就。三个阶段将陶瓷的艺术生产，放置在跨地域、跨时间、跨文化和跨媒介的宏大背景与动态关系之中，生动地诠释了古典时期中国陶瓷之所以伟大，恰恰在于它是上述空间和时间场域各种因素大开大合运动进而交叉辐辏的结果——这一点，不仅在隐喻的意义上，更是在现实中，正如实际中国的形成一样，使中国陶瓷成为另一个名副其实的"中国"（China），一个"形式的中国"。

最后，我想指出，正如本书作者的艺术家身份所示，本书的写作对于陶瓷/中国之形式意义的阐发，也为包括本书作者在内的中国当代艺术家的创造力，提供了独特的资源。在这种意义上，本书的写作不仅具有学术的意义，更具有实践的意义。作者范勃近年来的一系列艺术创作，如《潋滟》（2017）、《回到现场》（2019）、《无形的剧场》（2020）等，始终贯穿着对于跨媒介之"物"如盲文、药丸、针筒、实验室的迷恋，以及对于中国境遇的处境感；这种"恋物癖"和处境感被用于展现作者的形而上观念，形成另一种意义上的"成器之道"。

但是，作者在本书中对于陶瓷、中国、创造力三位一体的历史与哲学思考，居然从未付诸其艺术实践，这颇令我诧异。或许这意味着一个伟大计划的肇始？这使我对于他未来的创作潜能，充满着期待。

中央美术学院人文艺术学院院长　李军
2021 年 11 月 12 日

绪 论

陶瓷，是中国物质文明的重要组成部分，自新石器时代以来，一直与中国历史和文化的演进、发展相伴随，越数千年而不衰。作为一种物质文化生活产品，陶瓷自然反映了古人改变生活环境和物质条件的不懈努力与卓越创造，一部陶瓷史即是一部充满各种创造性智慧的科学技术史。同时，陶瓷制品作为古人的一种主动发明与创造，不可避免地寄托和承载着中国古人的审美好尚以及对理想生活的美好希冀，因而也是中国传统文化与艺术风尚的重要载体。从这个意义上说，一部陶瓷史同时也是一部社会文化史、一部与古人社会文化生活密切相关的审美风尚史。

一、相关学术史

一直以来，陶瓷作为一种艺术品虽然从未受到质疑，但在学界已有的研究中，有关陶瓷工艺（硅酸盐技术）、物质文明史和社会经济贸易史的研究，一直占据着绝对的优势。相形之下，着重于观念、思想乃至精神层面的文化史、艺术史研究，则显得相对匮缺。

有关中国陶瓷历史的通史著作已陆续出版。中国硅酸盐学会编著的《中国陶瓷史》[1]是陶瓷史领域的权威著作，它主要从工艺史的角度对从新石器时代到明清的中国陶瓷器做了系统的梳理和介绍，对每一时期不同类型陶瓷的烧制工艺、器物形态、纹饰特点，都做了系统而科学的交代。冯先铭主编的《中国陶瓷史》[2]是陶瓷史领域的另一权威著作，它的特点在于引用史料的广泛、丰富和严谨。此外，陈万里的《中国青瓷史略》[3]，重点对唐以后南北各地青瓷的烧制、仿烧和外输等问题进行了研讨。叶喆民的《中国陶瓷史》[4]、尚刚的《隋唐五代工艺美术史》[5]，对各历史时期窑址的分布、陶瓷工艺技术的成就、造型艺术风格，以及陶瓷对当时社会生活和世界文化的影响都做了概括。熊寥的《中国陶瓷美术史》[6]与邓白的《略谈我国古代陶瓷的装饰工艺》[7]，对历代陶瓷艺术进行了观察和分析。中国硅酸盐学会所编《中国古陶瓷论文集》[8]中的多篇论文，根据商周遗址和墓葬中出土的原始青瓷器，对瓷器与陶器的关系、瓷器产生的条件等问题提供了各自的研究意见。

除了通史著作外，学界还有大量关于特定瓷窑的专门性研究，这其中有的是基于窑址发掘的考古报告，有的是基于传世品和文献的整理研究，其共同的特点在于注重对特定瓷窑历史、工艺、产品性状特点的考察。此类研究中，比较重要的有《唐代黄堡

---

[1] 中国硅酸盐学会：《中国陶瓷史》，北京：文物出版社，1982年。
[2] 冯先铭：《中国陶瓷史》，北京：文物出版社，1982年。
[3] 陈万里：《中国青瓷史略》，上海：上海人民出版社，2005年。
[4] 叶喆民：《中国陶瓷史》，北京：生活·读书·新知三联书店，2006年。
[5] 尚刚：《隋唐五代工艺美术史》，北京：人民美术出版社，2005年。
[6] 熊寥：《中国陶瓷美术史》，北京：紫禁城出版社，1993年。
[7] 邓白：《略谈我国古代陶瓷的装饰工艺》，中国硅酸盐学会：《中国古陶瓷论文集》，北京：文物出版社，1982年。
[8] 中国硅酸盐学会：《中国古陶瓷论文集》，北京：文物出版社，1982年。

窑址》①《寺龙口越窑址》②《观台磁州窑址》③《宋代耀州窑址》④《唐风妙彩——长沙窑精品与研究》⑤《千年邢窑》⑥《黄冶窑考古新发现》⑦《西安郊区隋唐墓》⑧《三门峡庙底沟唐宋墓葬》⑨《宋代官窑瓷器》⑩《定瓷艺术》⑪《论定窑烧瓷工艺的发展与历史分期》⑫《景德镇湖田窑各期碗类装烧工艺考》⑬等著作与论文。

近年来，越来越多的学者将陶瓷器与它们所诞生的社会历史背景相联系，考察它们在社会生产、生活，以及中外贸易和交流中所扮演的角色。譬如，杰西卡·罗森（Jessica Rawson）的两篇论文——《中亚银器及其对中国陶瓷器的影响》和《中国银器及其对瓷器发展的影响》⑭，通过对不同地域和不同材料的器物进行比较，探讨中国陶瓷在发展过程中对银器造型纹饰的吸收与利用。蔡玫芬的《官府与官样——浅论影响宋代瓷器发展的官方因素》⑮讨论了在宋代瓷器的生产与创造中，中央政府与地

---

① 陕西省考古研究所：《唐代黄堡窑址》，北京：文物出版社，1992年。
② 浙江省文物考古研究所：《寺龙口越窑址》，北京：文物出版社，2002年。
③ 北京大学考古学系等：《观台磁州窑址》，北京：文物出版社，1997年。
④ 陕西省考古研究所：《宋代耀州窑址》，北京：文物出版社，1998年。
⑤ 周世荣：《唐风妙彩——长沙窑精品与研究》，长沙：湖南美术出版社，2008年。
⑥ 赵庆钢、张志忠：《千年邢窑》，北京：文物出版社，2007年。
⑦ 河南省文物考古研究所、中国文物研究所、日本奈良文化财研究所：《黄冶窑考古新发现》，郑州：大象出版社，2005年。
⑧ 中国科学院考古研究所：《西安郊区隋唐墓》，北京：科学出版社，1966年。
⑨ 河南省文物考古研究所：《三门峡庙底沟唐宋墓葬》，郑州：大象出版社，2006年。
⑩ 李辉炳：《宋代官窑瓷器》，北京：紫禁城出版社，1992年。
⑪ 穆青：《定瓷艺术》，石家庄：河北教育出版社，2002年。
⑫ 李辉炳等：《论定窑烧瓷工艺的发展与历史分期》，《考古》1987年第12期。
⑬ 刘新园等：《景德镇湖田窑各期碗类装烧工艺考》，《文物》1982年第5期。
⑭ ［英］罗森（Jessica Rawson）：《中国古代的艺术与文化》，孙心菲等译，北京：北京大学出版社，2002年，第241—257、258—278页。
⑮ 蔡玫芬：《官府与官样——浅论影响宋代瓷器发展的官方因素》，颜娟英：《美术与考古》，北京：中国大百科全书出版社，2005年。

方生产线之间在权力、技术与品位等方面的关系。其他相关的研究还有：齐东方《唐代考古所见的外来文化》[①]、孙机《中国圣火》[②]、林梅村《中国境内出土带铭文的波斯和中亚银器》[③]、李零《铄古铸今》[④]等。

二、问题的提出

形式问题，是艺术史的重要研究对象，亦是艺术史的重要目标。艺术史有关形式的研究，并不仅在于呈现和归类，更在于解释潜藏在艺术形式乃至风格背后的成因和意义。具体到陶瓷，例如器物的造型，除了功能因素外，各种器物形制的前后变化，亦必然有各种文化因素的左右和影响。陶瓷的造型演变包含着难以想象的丰富信息，既涉及人们生活方式的演变，又承载着历史发展中的文化传统的变化和延续，甚至更映现出本土文化与外来文化的碰撞、交汇与融合。从这个角度上讲，陶瓷器的形式发展过程本身，即是一个文化演进的缩影。所以，陶瓷的造型问题可以也应该纳入艺术风格学的层面来加以观察。这一视角目前还是艺术史研究中一块亟待开掘的处女地。

本书选择中国陶瓷发展的三个重要历史阶段来进行考察，即新石器时代至秦汉、隋唐以及两宋。选择这三个时段的陶瓷器作

[①] 齐东方：《唐代考古所见的外来文化》，许倬云、张忠培：《中国考古学的跨世纪反思》，香港：商务印书馆，1999年。
[②] 孙机：《中国圣火》，沈阳：辽宁教育出版社，1996年。
[③] 林梅村：《中国境内出土带铭文的波斯和中亚银器》，《文物》1997年第9期。
[④] 李零：《铄古铸今》，北京：生活·读书·新知三联书店，2007年。

为研究案例的理由如下：

第一，古代陶瓷作为一种造型艺术形式，是融艺术创作与科学技术于一体的生产性创造。除了具有深厚的传统文化底蕴与悠久的发展历史之外，它本身作为实物标本，能够使我们复原相应时代的社会等级制度和社会习俗好尚等多种文化信息。

第二，这三个历史时段的陶瓷器皿，首先具备了各自鲜明的时代风格，同时也向我们展示了陶瓷器皿从产生、发展到成熟的一个纵向坐标。这三个历史时期从历史环境上展现了三种不同的文化交汇现象，有助于扩大文献及出土文物的搜集范围，为对陶器造型产生影响的多种文化因素的相互印证提供了较丰富的材料。

第三，这三个时期的瓷器，在造型、装饰上都同金属器及其他贵重材质器皿的造型和工艺有着密切甚至是直接的联系。通过器物间的相互比较，为探讨作品样式的文化归属及各个时期的陶瓷造型在文化交汇中的变化、发展与创造，提供了直观的视觉图像。

本书所涉及的三个历史阶段，正是中国陶瓷器从萌芽发展至成熟的重要历史时期。对于这样一个不断发展变化的历程，本书要追问以下一些问题：早期陶瓷造型形成的依据和参照是什么？原始青瓷的发展与青铜器的关系在社会生活的等级制度中是如何体现的？隋唐时期陶瓷造型多元变化的动力又是什么？这种略显浮躁的多元变化的背后究竟暗含着怎样一种文化心态？宋代何以能够成为中国陶瓷史上最为辉煌的时代？此期间陶瓷在造型方面究竟注入了哪些元素，才使得它更能体现中国人的精神与情怀？在本书中，笔者将通过返回到这几个不同时段的历史文化原境的方式，来对上述问题进行一次尽己所能的还原性考察。

本书不是考古学与古器物学的研究，也不是陶瓷史与工艺美术史的研究[①]。本书意在达成以下三个目标：其一，客观地证明、揭示出所选时段陶瓷造型艺术中的三个阶段性特征；其二，从这几个基本特征入手，探讨陶瓷造型的创造与多种社会文化因素的关系，以及不同文化的交汇对陶瓷造型风格所产生的具体影响；其三，借助上述历史观察，厘定出艺术创造学中"模仿""融合""创造"三个概念之间的历史逻辑，以期用以审视和指导在东西方文化交汇背景下当代艺术创作的取向与定位。

[①] 关于陶瓷的工艺、制作等技术问题，本书中会有所涉及，但不是讨论的核心。

第一章

早期陶瓷与青铜器

陶瓷器在原始的草创时期，其形态的形成当然是在一定材料和工艺条件下，优先满足生产与生活实用功能的结果。但随着生产力的发展、社会阶层的分化，以及私有财产的出现，陶瓷器开始不再是单纯的实用器，而是附加了更多礼仪和审美功能，造型与纹饰也有了更多意义。本章梳理由史前至秦汉陶瓷器演变与发展的风格脉络。在这其中，着意于几个重要问题：一、部分史前陶器不合逻辑的结构形式与非实用目的的外观美感产生的背景和说明的问题；二、青铜时代，陶瓷器与贵价金属器间在造型和纹饰上的多元互鉴关系，及其深层原因；三、因幅员辽阔和地理的复杂性，中国版图内不同文化的交汇影响，及其在陶瓷器中的体现。

一、史前陶器的器形与纹样

探究陶瓷艺术的发展，不可避免要追溯至史前时期。作为器形与纹饰的起点，原始先民首先考虑到的应该是器物成型的基本理念，即从满足生产、生活的需要出发，结合所在地域的独特自然条件，对器物进行有目的的制造，并使其具有一定的社会意义，满足社会活动中的特殊需要。伴随着不同地域之间文化的交往与互动、制造技术的逐步完善，后期不断涌现的器物又在先前的造型与纹饰的基础上进行模仿、融合与创造。

同世界其他地区一样，生活在中国大地上的先民们在最后一个冰期结束后选择了定居生活，采集与狩猎逐步被种植作物与饲养家畜所替代，农业和畜牧业成为获取食物的主要途径。陶器便在这种历史环境下酝酿产生，成为新石器时代一系列文化遗址中出土最为丰富的人工制品。陶器成型之初样貌如何呢？冯先铭先生曾指出："黑陶一般盛行于山东龙山文化与良渚文化，其他晚期新石器时代遗址也有出土。但已知的最早的黑陶却属浙江余姚河姆渡文化遗址出土的夹炭黑陶……白陶盛行于大汶口文化，各地龙山文化、长江流域大溪文化和各地商文化遗存中均有发现。但最早的白陶遗存则出土于浙江罗家角马家浜文化遗址中。"[①] 上述现象说明，在史前不同区域、不同文化类型中，器物的造型与装饰应各具特点，是各群体根据各自的材料和工艺优势而进行的选择。杰西卡·罗森则指出："早期中国的一个非常重要的特征，即它是几个社会构成的一个复合体。……中国大陆居民的艺术传统的历史并未显示出一个统一的脉络，而是许多不同族群的贡献融合的结果。"[②] 信然！

以下从四个方面具体讨论史前时代的陶器问题。

（一）史前陶器纹饰的多种表现

仰韶文化中陶器彩绘常见的题材一类为鱼纹、鸟纹以及蛙

---

① 冯先铭：《中国陶瓷》（修订本），上海：上海古籍出版社，2001年，第6—7页。
② ［英］罗森（Jessica Rawson）：《中国古代的艺术与文化》，孙心菲等译，北京：北京大学出版社，2002年，第15页。

图1（上）：**人面鱼纹彩陶盆**，新石器时代（仰韶文化），高16.6厘米、口径39.8厘米，陕西省西安市半坡村出土，中国国家博物馆藏

图2（下）：**舞蹈纹彩陶盆**，新石器时代（马家窑文化），高14.1厘米、口径28厘米，青海省大通县上孙家寨村出土，中国国家博物馆藏

纹，另一类是抽象的人面与鱼纹形成的组合图案，一般出现在盆的内壁上，最著名的例子当属陕西西安半坡遗址出土的人面鱼纹彩陶盆（图1）。马家窑文化在文化特征与艺术风格上是仰韶文化的继承与发展，鸟纹开始几何化，大量较具象的蛙纹图像覆盖在盆或钵的内壁，随后也开始简化，人形纹饰也出现在马家窑彩陶中，最突出的例子是青海省大通县上孙家寨村出土的舞蹈纹彩陶盆（图2）。龙山文化作为最重要的史前文化之一（图3），其发现给我们认识陶器的纹饰功能提供了更多的参照，"山西陶寺的陶寺龙山文化遗址早期大墓中发现的蟠龙纹陶盘……蟠龙纹是在陶盘低温烧制后绘上的，因此它们不可能是实用器，而且在一座大墓中只随葬一件蟠龙纹陶盘。陶寺遗址的年代约为公元前2500年至公元前1900年。发掘者认为陶盘是祭器，蟠龙是氏族、部落

图 3（左）：**红陶鬶**，新石器时代（龙山文化），高 39 厘米、口径 12 厘米、足距 14 厘米，故宫博物院藏

图 4（右）：**猪纹陶钵**，新石器时代（河姆渡文化），高 11.7 厘米、宽 17.2 厘米、长 21.2 厘米，浙江省余姚市河姆渡遗址出土，浙江省博物馆藏

的标志。……陶寺龙山文化时期的彩陶上还流行绘饰云雷纹图案，这种时尚也见于其房屋建筑上的装饰遗迹，诸如在墙面的白灰面上刻饰有类似商周青铜器装饰的几何形图案"[①]。长江中下游地区的河姆渡文化，年代在公元前 5000 年至前 4000 年间，器物上的纹饰常见的有太阳图案的动物纹饰，陶器也是如此，例如浙江省余姚市河姆渡遗址出土的猪纹陶钵（图 4）。浙江省杭州市余杭区反山遗址出土的属于良渚文化的玉钺，学者注意到刻在刃部附近的人面与兽面组合图案可能不仅是装饰。作为礼器的钺彰显着其所有者的权力，而人面、兽面相结合的纹饰在礼器上出现，除了装饰作用外，更为突出的应是作为某种标志，可能是一种权力

---

① ［美］杨晓能：《另一种古史：青铜器纹饰、图形文字与图像铭文的解读》，唐际根、孙亚冰译，北京：生活·读书·新知三联书店，2008 年，第 109 页。

的象征。这类人面、兽面纹还出现在一些良渚文化的玉器上,同时值得注意的是,它们在陶器上也出现了,江苏苏州澄湖出土的兽面纹和鸟纹黑陶罐上就刻画了更为具象的此类形象。

在史前时代出土的大量陶器中,以上所提到的采用图绘和雕刻手法、装饰别有意义的纹样的实属少数。在现今出土的仰韶文化、马家窑文化、龙山文化、河姆渡文化以及良渚文化的陶器中,更多器皿的装饰手法是素面磨光,采用几何装饰纹、拍印的绳纹、篮纹、附加堆纹、划纹及弦纹等。可以推测,制作者在对陶器进行纹样装饰时是有所选择的。不同的装饰手法,一方面是来自对其他制作工艺的模仿,如绳纹与篮纹的大量流行即是如此。早期陶器既在造型上模仿篮子、皮袋等已有器物的形状,同时也从篮筐编织成器的方法上获得启发。先民们采用泥条盘筑的方法由下至上合成全器,再用陶拍拍打其表面。若陶拍上刻有花纹,便形成了可见的印纹。另一方面,陶器上的装饰纹样又与原始陶器制作者的感官知觉有关,"这种设计是与当时人们的生活习惯有着一定的关系。因为新石器时代的人们受居住条件的限制,他们席地而坐或者蹲踞,所以彩陶花纹的部位,都是分布在人们视线最容易接触到的地方"[①]。而在这些原始的本能和模仿之外,另一部分别有意义的装饰图案的形成与功能倾向,下文将结合陶器器形做进一步讨论。

(二) 史前陶器器形的多种功能

新石器时代的陶器主要是为了满足日常生活需要的实用器,因此根据功能可以分为罐、鼎、鬲、釜、甑、鬶等汲水器和炊

[①] 中国硅酸盐学会:《中国陶瓷史》,北京:文物出版社,1982年,第24页。

器、爵、角、觚、杯等饮器，碗、豆、簋、盘等食器，壶、罐、瓮、尊、盆、缸等盛贮器。这些器物各具特征的形制与其使用功能密切相关。

器形的多样化也反映了制陶技术的进步与成熟，这主要表现在几个方面：（1）在社会分工上，逐渐由家族集体制陶、季节性陶工，向专门从事制陶工艺的人员发展；（2）陶窑结构的逐步完善使得烧制条件趋于稳定，并为铜器的制作提供了设备参考；（3）烧成温度的可控反映了制陶技术的进步；（4）不同文化区域对陶器制作的成形方法与纹饰有不同倾向的选择；（5）出现陶料的精选以及制陶原料的多样化。

在新石器时代早期，一件器物可能承担了多种功能，或者说存在器形通用的情况。如早期仰韶文化遗址与河姆渡遗址所发现的一些陶器，在器壁上绘制或刻画了特殊图案的同时仍然具有实际用途；在新石器时代的晚期则出现了一些器皿，它们在成器的制作手法上似乎有意偏离之前所掌握的能满足实用功能要求的技术与经验，转而去突出不合逻辑的结构形式与非实用目的的外观美感。

大汶口文化位于黄河流域下游的山东与苏北一带，那时先民们已经熟练地掌握了制陶技术，手工泥条盘筑法之外，轮制技术也已经发展成熟，除灰陶、黑陶外，还出现了用高岭土制作而成的白陶。该地区出土的鬶便多是用白陶制作。鬶通常是锥状三足，足部为球状或袋状，中空，这有利于加热液体；三足相交于一个带口沿的圆颈，口沿外翻方便倾倒；在足与器颈之间装有一个手柄，用于提起器皿。1977 年，山东省临沂市大范庄出土了一件属大汶口文化的双层口白陶鬶（图5）。这件陶鬶三足尖细修长，颈部呈高直状，口部有帽状装饰，器壁很薄，手柄制作成单薄的长片状安于其上。如此深的垂直容积、不具提举功能的手柄，以

图 5（左）：**双层口白陶鬶**，新石器时代（大汶口文化），高 36.8 厘米，山东省临沂市大范庄出土，临沂市博物馆藏

图 6（右）：**蛋壳黑陶高柄杯**，新石器时代（龙山文化），高 22.6 厘米，山东省潍坊市姚官庄出土，中国国家博物馆藏

及薄巧的器壁之间，出现了成器的逻辑矛盾。这种偏离实际使用功能，突出器皿整体空灵精细的造型追求，在后来的龙山文化中呈现得更为明显。一种被称为蛋壳黑陶杯的器皿（图6），它也有着纤细高挑的杯柄，薄如蛋壳的杯体——如此惊人的薄度需要杯体由没有杂质的细腻黏土制成，以及通过高超技术打磨光滑的黑色器壁。重量仅有 50 至 70 克，杯体与支架有轮制的痕迹，有些杯体与支架还可拆分。蛋壳黑陶杯的出现，表明陶器的制作技术已经达到纯熟，制作者与使用者却没有将其用于制作更符合实际功用的器皿，而是将巨大的人力、物力凝聚于将一件陶器特殊化。这表明，在生产力逐步提升的同时，社会也正在发生着深刻变革。

（三）原始陶器与墓葬等级制度

考察位于今陕西省西安市临潼区城北公元前 5000 年至前

图 7（上）：姜寨遗址示意图

图 8（下）：大汶口遗址墓葬出土发掘情况

4000年新石器时代早期属于仰韶文化的姜寨遗址,壕沟内100多间房屋被分为几组,每组拥有一个公共集会用的"家族房屋"。在遗址西南的临河岸有4座窑址,这表明陶器制作已经有较高的产量和质量,并且可能是以集体劳动的方式进行烧制的[1](图7)。该处出土的陶器都具有日常用器的特点,在遗址的发掘中没有发现随葬品奢华的墓葬,说明当时并未出现明显的社会分化。

而到新石器时代晚期,墓葬形制之间的差异则显示出村落中的某些居民比其他人拥有更高的社会地位和更多的社会财富。1959年发掘的位于山东省泰安市的大汶口遗址,其大型墓地可分为3个连续时期,包括133座墓葬。位于墓地北边一组12座墓葬中的10号墓可定为晚期,为这批墓葬之冠。相比其他中小型墓,该墓的长方形墓穴达到12平方米。墓主人经鉴定是一位50至55岁的女性,她在出土时佩戴有三串石质装饰品。葬具外放置着大量的陶器,有白陶、黑陶、彩陶等,均十分精美,这其中以白陶所处的位置和数量较引人注意。该墓同时还出土了石斧头和雕琢的象牙管。这些随葬品显示了墓主人生前拥有的可观财富[2](图8)。理查德·皮尔森(Richard Pearson)对东部沿海的一批随葬品甚丰的新石器时代遗址做了全面分析,并由此得出结论:"中国沿海属于大汶口文化序列的新石器时期墓葬反映了财富的增长,社会的分化和妇女儿童地位的下降……它正在向一个由男子掌握权力和财富,手工业分工即将发生的社会转化。某些特殊的男女和小孩合葬墓,表明宗族的重要性在

---

[1] 半坡博物馆等:《姜寨——新石器时代遗址发掘报告》,北京:文物出版社,1988年,第48—49页。
[2] 山东省文物管理处、济南市博物馆:《大汶口——新石器时代墓葬发掘报告》,北京:文物出版社,1974年,第23—24页。

 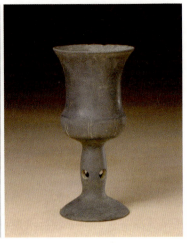

图 9（左）：**黑陶双系壶**，新石器时代（龙山文化），高 11.5 厘米、
口径 6.5 厘米、足径 8.2 厘米，故宫博物院藏

图 10（右）：**黑陶高柄杯**，新石器时代（龙山文化），高 15 厘米、
口径 7 厘米、足径 6 厘米，故宫博物院藏

增加。"①

  到新石器时代晚期的龙山文化，父系氏族的权力特征更加凸显出来。资料表明，两个龙山文化村落里有了夯土墙，定居模式已经超过了仰韶文化的村落社会阶段。河北省邯郸市一个龙山文化遗址中发现了袭击村落的迹象，有扔在井里的遗骸，可能被剥了头皮的头骨，这说明当时可能已经有了战争②。山东省潍坊市呈子村附近龙山文化遗址中的墓葬里发现的蛋壳黑陶杯，随其他陶器如鬶一起作为陪葬品，但仅有 6% 的墓葬拥有这些精美的陶器（图 9、10）。拥有陶杯的墓葬陪葬品都较为丰富，墓穴都较大，并且有木椁痕迹。蛋壳黑陶杯被放置在死者的头、胸部、手附近③，可能表明死者具有特殊地位，或是作为统治阶

---

① 张光直：《美术、神话与祭祀》，郭净译，沈阳：辽宁教育出版社，2002 年，第 99 页。
② 张光直：《美术、神话与祭祀》，郭净译，沈阳：辽宁教育出版社，2002 年，第 99 页。
③ [美]杜朴、[美]文以诚：《中国艺术与文化》，张欣译，北京：世界图书出版公司，2011 年，第 23 页。

层。由此可见，早期的季节性陶工和集体制作的活动已经逐渐减少，蛋壳黑陶杯由技术熟练的全职陶工耗费大量工时进行限量制作，用以满足地位较高、权力较大的使用者的需要。且葬礼可能具有相关仪式，制作精良的蛋壳黑陶杯就此作为具有特殊功用的器皿，被安排在葬礼的使用中。

（四）史前陶器的纹饰与器形的启发

通过考察史前陶器的器形与纹饰便能发现，随着生产力的发展、社会财富的聚集与权力意识的形成，陶器发展呈现出多条线索。

就实用功能而言，早期陶器具有器形通用的情况，而技术的成熟使得器形根据不同的使用需求形成相对固定的样式，并在此过程中淘汰一部分器形，随后在新石器时代晚期的墓葬中出现了不出于实用目的而制作的器皿。至此，陶器在功能上形成实用器与"特殊"器皿的两分。

此类情况也反映在纹饰上，"史前器物上的某些图像与符号兼有装饰和标志两种功能，有些标志具有青铜器图形文字的作用。身兼两职的现象在史前晚期文化中甚为普遍"[1]。现在学界对各文化区域的陶器纹饰上反复出现的题材已有诸多讨论，观点分别有图腾崇拜、萨满巫术、太阳崇拜、生殖崇拜等。虽然这些推想还没有形成统一的认识，但都反映出陶器的装饰图案所具有的两种倾向：一是对前期技术与审美经验的继承与复制；二是在含义上对宗教信仰与种族特征进行有目的的反映。国家形式的社会组织由初创阶段发展至青铜时代，具有浓郁地方特色的信仰与宗族特

---

[1] ［美］杨晓能：《另一种古史：青铜器纹饰、图形文字与图像铭文的解读》，唐际根、孙亚冰译，北京：生活·读书·新知三联书店，2008年，第137页。

征便与政治权力密切相关。对技术经验与审美倾向的继承与复制反映出，在史前时期各文化区域间就可能已出现相互交流影响的情况。

在一类非实用目的的陶器制作上耗费大量的人力，特殊纹饰的出现，采取精选的原料，所有这些均表明夏商周时期"礼"的特殊概念在史前时期的陶器上出现了萌芽。当世袭的王朝模式与礼制样式在中原确立，"戎"与"祀"成为支持与推动社会发展的主要活动，并在整个古代中国范围内被更广泛地接受，礼器与用器便有了更为明确的区分。张光直先生指出，政治权威在夏商周时期逐渐形成的过程中包括：（1）个人在一个按层序构成的父系氏族和分支宗族的亲族体系中所占据的地位；（2）相互作用的区域性国家网络，每个国家都控制着重要资源，它们共同形成连锁的、互相加强的系统；（3）军事装备，包括青铜武器和战车；（4）有德之行为（为大众谋利益的品质），它为在位的统治者依神话权力所继承并身体力行之；（5）作为信息载体的文字，它与个人在亲族体系中的地位有关，与神灵（祖先）的知识有关，是取得统治和预言能力的关键；（6）通过文字以外的手段，如巫术仪式（及其乐舞）以及动物艺术和青铜礼器，以达到独占与在天神灵沟通的目的；（7）财富和它的荣耀。[①]

显然，物质上的易碎性与展示财富上的低廉特征都是陶器作为"礼制"承载物的缺陷，于是对原料的精选行为随后转化为用新出现的贵重且耐久的金属材料替代陶土，在陶器与玉器上出现过的特殊图案则被金属材料更进一步地强调而趋于象征化，"从材料到外形，再到装饰与铭文，这一系列演进中的变化焦点展现

[①] 张光直：《美术、神话与祭祀》，郭净译，沈阳：辽宁教育出版社，2002年，第91页。

出礼仪美术特征的变化,即从最实在到最抽象,从自然因素到人工的标记"①。青铜时代的礼器对已有的陶器样式进行模仿与创新的过程同时也是武力征伐与政治权力更替的过程,不同物质文化背景下族群间的共存、迁徙与交流,反过来也影响到了陶器器形与纹样的发展。

二、商周陶器与青铜礼器

我国夏王朝的存在、性质,以及时间起止目前学界还存有争议。探索夏代物质文化遗存的工作也还处于起步阶段,究竟哪些文化遗址和遗物属于夏,哪些属于和夏同时的先商、先周或其他古代氏族部落文化遗存,目前还没有定论。鉴于夏王朝相关概念的模糊性,本书的讨论以商周时代为重点。

夏商周时代的中国大地上,存在着各种发展程度不尽相同的聚落和文明,除了以中原地区为中心的商、周文明外,江南地区、东南沿海以及其他地区也有大量的文明遗迹和遗存。鉴于中国早期社会的这种复杂性,用单一的线索去解释陶器器形与纹饰的变化是困难的,下文将分线索来考察此一时期陶器的发展。

(一) 商周陶瓷器发展概况

关于夏代制陶手工业的发展情况,古代文献中鲜有记载。《墨子》中有"陶铸之于昆吾"②之说,昆吾族据说就是夏代的族群,

---

① [美]巫鸿:《中国古代艺术与建筑中的"纪念碑性"》,李清泉、郑岩等译,上海:上海世纪出版集团,2009年,第91页。
② (春秋战国)墨翟:《墨子》,明正统道藏本,卷一,"耕柱第四十六"。

图 11（左）：**灰陶绳纹鬲**，夏（东太堡文化），高 19.5 厘米、口径 15.6 厘米，山西省太原市光社村出土，山西博物院藏

图 12（右）：**白陶盉**，夏（二里头文化），高 28 厘米、口径 4.3—7.6 厘米，河南省伊川县南寨遗址出土，河南博物院藏

根据《墨子》的说法他们应擅长陶器制作。从现今一般认为属于夏时代的二里头文化遗址、东太堡文化遗址等出土的器物看，早期以普通黏土烧制的灰黑陶器数量最多（图 11），也有使用杂质较少的黏土为原料制作的质地更为坚硬细腻的白陶器（图 12）。

现今一般认为河南偃师二里头后期遗址，应属于商早期。在这些遗址中，可以找到烧制陶器的手工作坊，说明在商代早期已经确实存在从农业中分化出来的独立的陶器手工业生产部门。目前发现的商代早期陶器，依然如夏代，以灰陶器和白陶器为主，但陶器的品种较前增多，成品的质量也有所提高。陶器表面的装饰，除了拍印绳纹、弦纹外，也出现了动物形象和各种几何形的图案。而同时期的江南及东南沿海地区，印纹陶器是其具有独特风格的陶器品种。

商代中期在技术不断发展的基础上，依然以灰陶器和白陶器为主，但同时也创制了我国目前发现的最早的原始瓷器。一般认为处于商代中期的二里岗文化,在河南、河北、山东、山西、安徽、陕西、江苏、湖北、湖南等范围都有发现。其中位于河南省郑州市的郑州商城遗址是目前发现的最大的一处商代中期遗址。在其西城墙外,发掘出一处烧制陶器的手工业作坊遗址,分布面积达一万多平方米。作坊遗址东南部,有十几座残破的烧陶窑炉,应该是窑炉的集中地。在作坊遗址西部的长方形房基处,还发现经过清洗的陶泥原料、陶模及其他制作陶器的用具,以及许多陶器残片。郑州商城遗址出土的陶器中,有一半左右是夹砂陶器,但这处制陶作坊遗址出土的陶器整件和碎片中却不见夹砂陶器,而几乎全是泥质灰陶器。这说明在当时的制陶业内部,烧制灰陶器和烧制夹砂陶器应是由不同的作坊承担,作坊与作坊间烧造品类和工艺有所不同。当时烧制胎质坚硬的白陶器的应也有专门的作坊。可见商代中期,制陶手工业内部已有明确、明显的分工和分类。商代中期江南地区和东南沿海,印纹陶器依然在蓬勃发展。在此基础上,人们又发明了以含铁量更低、杂质更少的黏土(瓷土)作为原料,并在器表施釉的新技术。我国最早的原始青釉瓷器,即在这一时期出现,主要集中在黄河中下游和长江中下游地区,其中以江南地区烧制最多。

商代后期文化遗址在我国的分布范围较前代进一步扩大,虽仍以黄河中下游和长江中下游地区为主,但东北的部分地区也有发现。河南省安阳市殷墟遗址是商后期长达273年之久的都城所在,各种遗迹和遗物都保存得相当丰富。从殷墟遗址的手工业作坊遗存分布和出土品来看,制陶手工业的专业分工较前代更为明显。出土的器物品类包括灰陶器、白陶器、印纹陶器和原始瓷器,其中印纹陶器和原始瓷器的占比较前代大大提高(图13、14)。

西周时期,据文献记载,当时朝廷已经专门设置了司工、陶

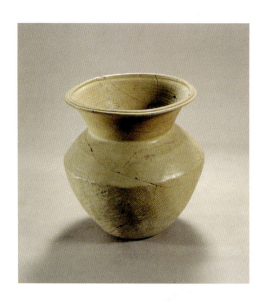

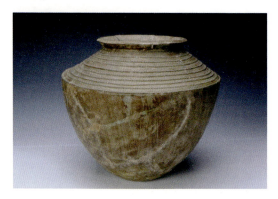

图 13（上）：**原始青瓷尊**，商，高 25.6 厘米、口径 21.4 厘米，河南省郑州市商代二里岗遗址出土，河南博物院藏

图 14（下）：**原始青瓷釉弦纹罐**，商，高 31.4 厘米、口径 20 厘米、底径 9.3 厘米，故宫博物院藏

图 15（左）：**原始瓷青釉划花双系罐**，西周，高 13.1 厘米、口径 8.4 厘米、底径 8.3 厘米，河南省洛阳市出土，故宫博物院藏

图 16（右）：**原始青瓷豆**，西周，高 7.5 厘米、口径 22 厘米，河南省平顶山市应国墓地出土，平顶山博物馆藏

正、车正、工正等官职，对各类手工业包括陶器制作进行官方管理。甚至还把全国各地技术精湛的各种手工业者集中到国都，专门为王室贵族制造精美的用品。而从事各种手工业生产的奴隶工匠则被称作"百工"。今陕西省西安市长安区西周都城镐京遗址中，发现有大量烧制陶器的手工业作坊。其中位于洛水村西边的一处制陶作坊遗址，在 30 平方米的范围内，竟然有六座窑炉。窑炉内出土有陶质日用器皿及各类瓦片、瓦当。这说明在西周时期，陶不仅用作日常盛器，还成为建筑用材（图 15、16）。

春秋战国时代，陶瓷手工业的生产状况则是：北方的诸侯国以生产灰陶器和陶制建材为主；南方的一些诸侯国，如吴、越、楚等，则除了生产灰陶器外，还大量生产印纹陶器和原始瓷器。在浙江地区，还发现春秋时期印纹陶器和原始瓷器在同一个窑炉内烧制的事实。原始陶瓷器手工业在南方特别是江南地区的发展，为我国后来瓷器的发明奠定了基础。

（二）陶器对青铜礼器的影响

新材料的应用，往往从对旧有事物的模仿开始，例如史前陶工从皮袋与篮子的制作工艺与器物形态上获得启发，从而发明泥条盘筑法和绳纹装饰。在青铜器出现以前，人类使用陶器作为主要盛器、炊器和饮器已经千年。因此，当青铜作为新材料出现在人们的视野时，自然而然地在器形上首先以模仿陶器为开端。当然，青铜作为一种成本极高的贵重金属，它没有被运用到农具制作等日常生产劳动中，而是作为珍贵的资源被处于权力顶端的宗族所控制，用于制作维护和彰显其权力及政治合法性的物品——兵器与礼器。"礼器美术作品总是采用那个时代最高超的技术；这些作品总是使用珍贵的材料制作，并且或者包含着熟练技工的大量劳动；这些作品在形式上具有工具的基本类型学特征，但同时又故意抹杀实用的功能。这些特征说明，一旦一种新的技术被发明或一种'贵重'的材料被发现，它们就会被吸纳到礼器的传统中去，被运用于非实用的目的。"①《礼记》云："先王之荐，可食也，而不可耆也。卷冕、路车，可陈也，而不可好也。《武》壮，而不可乐也；宗庙之威，而不可安也；宗庙之器可用也，而不可便其利也。所以交于神明者，不可以同于所安乐之义也。"② 所以，青铜器对陶器并非全然地继承和模仿，而有其自身的特点：一方面，它继承那些作为特殊用途使用的陶质礼器的器形；另一方面，

---

① ［美］巫鸿：《中国古代艺术与建筑中的"纪念碑性"》，李清泉、郑岩等译，上海：上海世纪出版集团，2009年，第86—87页。
② 杨天宇：《礼记译注》，上海：上海古籍出版社，2004年，第318页。

第一章　早期陶瓷与青铜器

它在类型上具备与"用器"相同的形制，但作为政治权威的象征，其材质与装饰又与日用器皿区别开，以达到"不可便其利"的要求。

陶器在史前时期已成为使用最普遍的日用器皿，根据功能被分为炊器、饮器、汲水器、食器、盛贮器等，这些器类都可见于随后的青铜礼器中。[1]青铜礼器从对陶器的模仿中获得了实用器的外形特征，但在纹饰上则开始出现夔龙纹、兽面纹、蝉纹等早期陶器上不曾存在的元素。鬲作为一种炊器早在新石器时代就已经存在，其器形特点是三个空心的袋状足与器身连通，便于获得最大的热效率。河南博物院藏商代早期的灰陶鬲（图17），就有巨大的袋状足，器身几乎消失而与袋状足合为一体，足底尖而高。而中国国家博物馆藏有一件商代早期的鬲，名商亘鬲（图18）。将它与河南博物院藏灰陶鬲比较，可以发现二者器形几乎相同，只是灰陶鬲上以贴塑和拍印的绳纹为饰，而商亘鬲上则以弦纹作为装饰，增加双耳，并且其中还出现了标示器物主人身份的铭文"亘"。

现今一般认为代表夏文化的河南偃师二里头早期遗址的发掘成果，为我们提供了更为直观的证据。在二里头早期遗址中发现了迄今为止最早的青铜器，其中包括爵、斝、鼎、盉等。以盉为例，也可见陶器对青铜器的影响。早期的陶盉通常为敞口，龙山文化后期出现封顶陶盉，其年代在公元前2600年至前2400年之间。而封顶铜盉的出现最早则在二里头遗址，该遗址也出土了大量封顶陶盉。所以，封顶陶盉应是封顶铜盉的祖型。中国国家博物馆藏有一件二里头遗址出土的陶盉（图19），腹身呈分裆鬲形，深袋

---

[1] 马承源：《中国青铜器》，上海：上海古籍出版社，1988年。

图 17（左）：**灰陶鬲**，商早期，高 26.7 厘米、口径 22 厘米，河南省郑州市商城出土，河南博物院藏

图 18（右）：**商亘鬲**，商早期，高 22 厘米、口径 15.4 厘米，中国国家博物馆藏

空足，封顶呈穹顶隆起，顶前斜伸出管状的流，流口粗而根部细。流后穹顶开有口，后侧置弓形鋬，盉上腹部饰几周弦纹。河南郑州博物馆藏有一件商代早期的弦纹铜盉（图 20）。该器腹、足、顶、流、口、鋬各个部分一如陶盉，只是流部稍长，并且该器物也以弦纹装饰，其与陶盉的关联性显而易见。

与商代陶鬲一样，作为实用器皿，制作封顶陶盉的工匠首先应该考虑与解决的是"形随功能"的问题。由于封顶陶盉的器壁薄巧而且形制比较复杂，工匠便采取了将其分解为顶盖、颈腹、足等几个部分分别制作，再"组装"起来的工艺。在组装的过程中，需要依靠外力来达到加固效果的地方用附加带状泥条的方法来实现，这是封顶陶盉上出现凸弦纹装饰带的前提。封顶陶盉顶盖上的凸三角纹也是出于同样的技术需求。与封顶陶盉的制作工艺不同的是，早期封顶铜盉的制作处于青铜器的初创阶段，因此较少

图 19（左）：**陶盉**，夏，高 20 厘米、腹径 15.5 厘米，河南省偃师二里头遗址出土，中国国家博物馆藏

图 20（右）：**弦纹铜盉**，商，高 22.2 厘米、流长 5.3 厘米，郑州博物馆藏

采取封顶陶盉分解组合的制作方式，而是在陶范内浇铸成器，但显然青铜工匠们吸收了封顶陶盉的外形特点，"复制"了封顶陶盉上的凸弦纹以及凸三角纹。[①] 与封顶陶盉不同，封顶铜盉上的凸弦纹与凸三角纹已经不具备实际功用，而是更倾向于装饰效果。

由此可以看到早期青铜器器形与纹样发展上的一种源流，即器形与纹饰的发展是独立于其早期含义的。它直接模仿了陶器祖型的器形特征，并且在技术已经满足器物成器需求的前提下，依然复制了祖型上对陶器制作具有实际功能的附加部件。与被模仿物不同的是，这些附加部件在后期复制的过程中作为整体的一部分，被纳入青铜器的纯装饰系统中。在封顶铜盉上出现的此种趋势，能够代表新出现的材料与技术对原有材料与技术的模仿过程。

---

① 杜金鹏：《封顶盉研究》，《考古学报》1992年第1期，第1—34页。

在这个过程中包含了模仿与继承,同时也包括对原有功能的修改与接纳,并由此逐渐形成新的意义的创造过程。

(三)青铜器对陶瓷器的影响

作为贵金属的铜和锡,其开采与冶炼需要巨大的人力、物力与精密的技术。拥有政治权力的宗族控制了这些资源,因此只有他们有财力去完成青铜器的铸造。这些被制作成食器、酒器等形制的器皿,并不是为满足世俗需要而制作的,它的质料、形状、装饰和铭文都定义了它作为礼器的属性。[1] 关于青铜器的使用方式,现在学界普遍认为它们被用于祭祀的典礼,"目的是为了取悦祖先,在纷纭扰攘的现世,祈求其保佑子孙绵延,家业兴隆。仪式在祖庙中举行。墓葬中青铜器整齐排放的目的,是期望墓主在死后还能使用这些礼器继续供奉祖先。周代墓葬出土青铜器上最常见的一句话就表达了这一愿望:子子孙孙永宝用。"[2] 而在祭祀典礼中,青铜器的规格、数量、器形、纹饰以及精美程度等,与财富、身份和地位密切相关,是它们最佳的象征物和最直观的体现。恰如《左传》所言:"且夫大伐小,取其所得,以作彝器,铭其功烈,以示子孙,昭明德而惩无礼也。"[3] 古人的意思很明确:"青铜器是财富的象征,其铸造和使用都是为了给统治者和胜利者带来荣耀。"[4]

---

[1] [美]巫鸿:《中国古代艺术与建筑中的"纪念碑性"》,李清泉、郑岩等译,上海:上海世纪出版集团,2009年,第12页。
[2] [德]雷德侯(Lothar Ledderose):《万物:中国艺术中的模件化和规模化生产》,张总等译,北京:生活·读书·新知三联书店,2005年,第43页。
[3] (春秋战国)左丘明:《左传》,明嘉靖刻本,"襄公十九年"。
[4] 张光直:《美术、神话与祭祀》,郭净译,沈阳:辽宁教育出版社,2002年,第84页。

第一章　早期陶瓷与青铜器

青铜礼器的器形、纹饰与身份、等级的关联性，在殷商王族妇好墓中反映得颇为直观。饕餮纹并没有出现在妇好墓的所有陪葬器皿上，在 57 件器物中，只有 11 件装饰有饕餮的艺术形象，因此礼仪活动并不仅仅与器物上是否有饕餮纹有关，反之证明了"一个社会的高层人物能够支配任何器物类型中最引人注目的式样，可以占有最大量的式样和最多的种类"①。

妇好墓陪葬的青铜器数量巨大，如此财力即使是一般奴隶主贵族也不能望其项背，于是下述情形不难想见：为节约贵价金属，人们用价格较为低廉的材料从造型与纹饰上模仿价格高昂、材料稀缺的金属器；或是在其已经拥有昂贵金属器皿的情况下，用价格较为低廉的材料比如陶来复制金属器皿的器形与纹饰，以替代青铜器用于随葬。

在商代的一类陶器上似乎印证了这种情况，在陶簋、陶豆、陶尊、陶罍、陶壶和部分陶瓮等的腹部、肩部和圈足上，装饰有常见于青铜器的饕餮纹、夔龙纹、方格纹、人字纹、花瓣纹、云雷纹、旋涡纹、曲折纹、连环纹、乳钉纹、蝌蚪纹、圆圈纹和火焰纹等，一些陶器的器形也明显受到青铜器的影响。这种以青铜器式样来塑造陶器的手法，多见于硬质地的灰陶和白陶中。

商代中期此类器物多见灰陶。河南博物院藏有一件河南省郑州市出土的灰陶饕餮纹罍（图 21），该器物器形敦厚，在器腹上部装饰有一圈饕餮纹饰带，配合器物颈部和足部的弦纹饰带，颇为庄重。这件器物无论是器形还是装饰方式，都与商代中期常见的青铜罍一般无二。商代中期青铜器装饰的突出特点在于，饕餮纹

---

① ［英］罗森（Jessica Rawson）:《中国古代的艺术与文化》，孙心菲等译，北京：北京大学出版社，2002 年，第 107 页。

图 21（左上）：**灰陶饕餮纹罍**，商，高 31 厘米，河南省郑州市出土，河南博物院藏

图 22（右上）：**兽面纹铜罍**，商，高 26.2 厘米，河南省新郑市望京楼遗址出土，新郑博物馆藏

图 23（左下）：**灰陶夔纹斝**，商，高 27.1 厘米、口径 16.2 厘米，河南省郑州市白家庄出土，河南省文物考古研究所藏

图 24（右下）：**饕餮纹斝**，商，安徽省铜陵市西湖乡童墩村出土，通高 33 厘米、口径 18.1 厘米、腹径 13.8 厘米，铜陵博物馆藏

等纹饰往往以饰带的形式位于器腹或器肩，与商后期青铜器通体满铺纹饰的情况不同。河南新郑博物馆藏有一件新郑本地出土的兽面纹铜罍（图22），其器形敦厚，器腹上部亦装饰有一圈饕餮纹饰带，颈部及足部亦有弦纹装饰。将灰陶饕餮纹罍与这件器物相参照，即更可明确灰陶饕餮纹罍对商中期青铜器的模仿。河南省文物考古研究所藏有一件河南省郑州市白家庄出土的灰陶夔纹斝（图23），这件酒器敞口，宽沿，圆唇，长直颈微内收，圆肩，浅腹略鼓，近平底，腹下有三个三棱体锥状足。口沿前部有两个菌状顶方棱体陶柱，腹部饰夔纹带条和圆珠纹带条各一周。与双柱相对后部的颈与腹间有拱形圆錾，錾的上部又缠有泥条三周，造型别致而华丽。它的形制与同期铜斝近似。安徽省铜陵博物馆藏有一件铜陵市西湖乡童墩村出土的饕餮纹斝（图24），对比这两件陶斝和铜斝，即可见明显关联。

到了商代晚期，白陶的制作技术达到顶峰。由于陶土原料经过淘洗，烧制温度也大大提高，因此这一时期的白陶色泽更为细腻洁白，质地亦更加细致坚硬。由于制作技术的提高，以及"殷人尚白"的文化传统，商晚期的白陶中出现了模仿同期青铜器器形和纹样的精品。美国弗利尔－塞克勒博物馆（Freer and Sackler Galleries）藏有一件回纹白陶罍（图25）。根据博物馆的档案，该件器物是20世纪30年代在河南省安阳市殷墟遗址出土的，随即被美国古董商收买。该器敞口，短颈，丰肩，深腹，平底，通体遍布纹饰，非常精致。它的肩部刻饰夔纹带，腹以下通体刻饰曲折回纹，空余处均以细密的回纹饰地，两肩及下腹处贴塑兽耳。

北京故宫博物院也有两件商代白陶仿青铜器的作品，一件名为白陶雕刻饕餮纹双耳壶（图26），一件名为白陶刻饕餮纹双系壶（图27）。两件器物均为河南省安阳市殷墟遗址出土，且均壶口微内收，

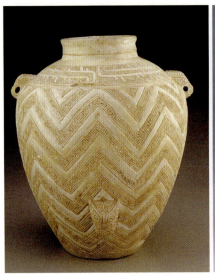

图 25（左上）：**回纹白陶罍**，商，高 33 厘米、腹径 28.3 厘米，河南省安阳市殷墟遗址出土，弗利尔－塞克勒博物馆藏

图 26（右上）：**白陶雕刻饕餮纹双耳壶**，商，高 22.1 厘米、口径 9.1 厘米、足径 8.9 厘米，河南省安阳市殷墟遗址出土，故宫博物院藏

图 27（下）：**白陶刻饕餮纹双系壶**，商，高 22 厘米、口径 9.2 厘米、足径 9.2 厘米，河南省安阳市殷墟遗址出土，故宫博物院藏

口以下渐广，下腹饱满，圈足，肩对称置圆孔系。它们通体雕刻纹饰，以饕餮纹为主，间以夔纹饰带，几乎不留空白。商代晚期的青铜器中，也可见这种通体满铺纹饰的双系壶。譬如大英博物馆（British Museum）就藏有一件商代饕餮纹青铜壶（图28），其器形特点和纹饰布局，与上述两件白陶质地的双耳壶高度相似，也是以饕餮纹作为主纹饰，间杂以夔纹等纹样的饰带。北京故宫博物院也藏有一件商晚期矢壶（图29），壶身亦以多层饕餮纹并夔纹饰带满布。所不同的仅是器形上两件铜壶颈部微束。

此外，北京故宫博物院还藏有同样为河南省安阳市殷墟遗址出土的白陶刻几何纹瓿（图30）和白陶刻纹豆（图31）。两件器物除器形与同时期青铜器一般无二外，它们通体遍布几何纹饰，主体纹饰的间隔和缝隙间遍布地纹的特点，亦符合商代晚期青铜器纹饰的常见规律。

殷墟作为商代后期273年的都城遗址，其出土的这些仿青铜器式样的陶器，精美程度并不输于青铜器。虽然材质是较之金属贱价的陶土，但其所要求的精湛工艺，如制作中对陶土的精筛，以及对1000摄氏度以上高温的控制，在当时应属高精尖技术，并非一般人所能掌握。此外，此类器物出土量有限，说明在商代制作此类器物应须耗费大量的人力和工时。所以，可以明确的是，此类器物虽然可能出于节约贵价金属的目的制作，但它们在商代晚期亦是上层奴隶主贵族才能使用的贵价物。

器物在装饰过程中需要适应成器的技术，并与之保持一致的特性与趋势。"制作者对自己已有经验和技术的运用远不是任意的，而是受到手头材料的限定，他应该对现有材料的特性做出反应，

图 28（左上）：**饕餮纹青铜壶**，商，通高 29.8 厘米，河南省安阳市出土，大英博物馆藏

图 29（右上）：**矢壶**，商，通高 34.6 厘米、宽 24.5 厘米，故宫博物院藏

图 30（左下）：**白陶刻几何纹瓿**，商，高 20 厘米、口径 18.6 厘米、足径 15 厘米，河南省安阳市殷墟遗址出土，故宫博物院藏

图 31（右下）：**白陶刻纹豆**，商，高 12.5 厘米、口径 22.7 厘米、足径 15.2 厘米，河南省安阳市殷墟遗址出土，故宫博物院藏

并顺应其形、其势的变化来决定自己的制作。"[1] 在失蜡法成为青铜器的制作方法时,中国的青铜工匠已经掌握了熟练的制陶技术,这其中就包括制作具有透气性与延展性的陶范。商周时期有许多运用陶范制作的青铜器。合范技术需要的陶范由型芯与外范组成,外范刻有负像形式的纹饰,当铜汁灌入外范与型芯之间,外范上的纹饰便转为青铜器器表的纹样。这样的外范需要通过多块的组合来制成器物的外形,因此,"范体的分界线通常就是装饰块面的分界线"[2]。当陶器模仿青铜器,这样的装饰特征就被复制了。如同青铜器在初创阶段模仿陶器的器形与纹饰,后期陶器也将这类青铜器因技术原因而形成的纹样布局纳入了自身的纯装饰系统。

> 仲宪言于曾子曰:"夏后氏用明器,示民无知也。殷人用祭器,示民有知也;周人兼用之,示民疑也。"曾子曰:"其不然乎,其不然乎。夫明器,鬼器也;祭器,人器也。夫古之人胡为而死其亲乎?"[3]

《礼记》中的这段话提到了随葬的两类器皿"祭器"与"明器"。明器作为鬼器,与古人"如死如生,如存如亡,始终一也"[4] 的生死观念相关。虽然在后来儒家的思想体系中将明器的存在作为对社会伦理的推展,但早在史前一直到商代,人们就存在一种人性

---

[1] 徐飚:《成器之道:先秦工艺造物思想研究》,南京:江苏美术出版社,2008年,第125页。
[2] [德]雷德侯(Lothar Ledderose):《万物:中国艺术中的模件化和规模化生产》,张总等译,北京:生活·读书·新知三联书店,2005年,第57页。
[3] 杨天宇:《礼记译注》,上海:上海古籍出版社,2004年,第86页。
[4] 蒲慕州:《墓葬与生死:中国古代宗教之省思》,台北:联经出版事业公司,1993年,第25页。

化了的死后世界概念，比如在殷墟诸多墓葬中有殉人的现象，殉狗也极为普遍。视死如视生的观念使得在墓葬制度中出现了两种情况：一种是相信在另一个世界中人的身份、地位与活着的时候是一样的，因此，随葬与生前身份相当的明器与祭器；另一种则是厚葬，僭越者希望通过陪葬高于生前身份与财富的器皿，以获得死后在另一个世界中更高的地位。这两种都是陶制明器模仿青铜器的动因。

《礼记·檀弓篇》里孔子对明器的解释是："是故竹不成用，瓦不成味，木不成斫，琴瑟张而不平，竽笙备而不和，有钟磬而无簨虡。其曰明器，神明之也。"① 最直观的例子需往商周后寻找，在河北省易县燕下都第十六号大型战国墓中出土了大量仿青铜器的陶明器，甚至还包括仿青铜编钟的陶制编钟。它们具有青铜器的形制与纹饰，却没有实际功用，完全符合孔子对明器的定义。出土陶器全系泥质红陶，部分把手、器耳、器足等是模制后附加上去的。装饰有彩绘、刻画、拍印三种，其中拍印的花纹以饕餮纹、雷纹、蟠螭纹、双凤垂叶纹等为主，在把手和器耳、器足部分，还有方冠兽首、长耳兽首、卧兽、羊首、象首、鸟形等纹样。器形可分为鼎、豆、壶、盘等，这些器形与类别经考察是仿春秋时期青铜器的形制。② 这类非实用性的陶明器，突出的做法是通过运用与青铜材质不同的物质形态来与"生器"相区别，有的也模仿过时的器形来达到"死亡之视觉象征"，代表与实用祭器所表征的此世界相断裂的"彼岸世界"。③

---

① 杨天宇：《礼记译注》，上海：上海古籍出版社，2004年，第83页。
② 河北省文化局文物工作队：《河北易县燕下都第十六号墓发掘》，《考古学报》1965年第2期。
③ ［美］巫鸿：《黄泉下的美术》，施杰译，北京：生活·读书·新知三联书店，2010年，第99—104页。

第一章　早期陶瓷与青铜器

三、秦汉陶器的造型与纹饰

公元前 221 年秦的统一标志着中国开始成为中央集权的国家。在政治、经济、社会都发生重大变革的同时，中国陶瓷也进入重要的发展时期。这一时期的突出成就是西汉低温铅釉陶的发明。

（一）秦汉陶瓷概况

秦汉的陶瓷生产大致可以分为三个阶段：

第一阶段，秦代至汉初的六七十年，陶器的面貌与前代相比变化不大。各地制品的地方性特征比较明显。官府控制的制陶作坊，侧重于砖瓦等建筑用陶的烧造；私营的制陶作坊，则生产着大量的日用陶器。这一时期突出的成就在于宫殿及陵墓所使用的陶器，比如秦咸阳宫遗址出土的陶砖和瓦当、秦始皇陵出土的陶俑和陶马等。

第二阶段，自汉武帝至西汉末期。这个时期的陶器面貌有较大的变化，地方性色彩开始减弱，陶器的统一性特征显著增强。由于技术的发展，陶器产量得到极大的提高。低温铅釉陶技术成熟，并在关中地区推广开来，产生了许多新颖的制品（图32）。这一时期的地下随葬制度也在发生变化，陶仓、陶井、陶猪圈、陶家畜等明器十分流行。

第三阶段，包括整个东汉时期，低温釉陶技术继续发展，出现了许多前代没有的色彩和品类（图33、34）。东汉中期以后的墓葬中，炫耀地主庄园经济的陶瓷产品格外多见，华丽的陶楼、城堡等模型大量出土，还有成套的农民、奴婢、家畜陶俑，象征着墓主人的财富。

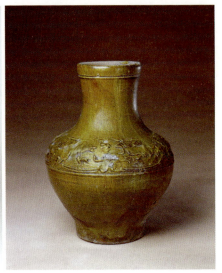

图 32（左上）：**酱釉划花水波纹铺首耳陶壶**，西汉，高 35.3 厘米、口径 13.5 厘米、足径 14.3 厘米，故宫博物院藏

图 33（右上）：**绿釉凸花狩猎纹陶壶**，东汉，高 25 厘米、口径 9.8 厘米、底径 10.2 厘米，故宫博物院藏

图 34（下）：**绿釉铺首耳陶壶**，东汉，高 25.5 厘米、口径 13 厘米、足径 15 厘米，故宫博物院藏

（二）楚文化对原始青瓷造型的影响

"'所谓楚文化，就是指最初是楚人在楚国境内创造的一种文化，这种文化有不同于其他文化的自身特征，当然这种特征是随着历史的进展而不断变化的'……依此，我们可以大致认识楚文化是以江汉地区为中心发展起来的一支地域性的古文化，它的创造者当然是楚人或楚国人。"[1] 楚人虽然是楚文化的创造者，但楚文化却也是"蛮夷文明"与华夏文明的融合体。"以楚国的多数君臣为代表，其纲领性主张是：'抚有蛮夷，……以属诸夏'。"[2] 楚人非夷非夏的地位，使他们一方面吸收着中原文明，另一方面也作为一个文化中心体包容着"蛮夷文明"，最终促成了夷夏混一的楚文化的形成。

《史记·楚世家》记载，楚文王（？—前675年，前689—前675年在位）建都于郢[3]，另据《史记·吴太伯世家》记载，自吴王寿梦（？—前561）之后楚国国力日益强大，战国时期的楚国成为七大强国之一。[4] 由于西边有虎狼之国秦国，北方有韩、魏、赵、齐等国，于是楚国向南，向东发动了一系列的兼并战争，如孟子在《离娄》中所描述的："争地以战，杀人盈野；争城以战，杀人盈城……"[5]，在公元前306年吞并了越国。

吴越地区在春秋战国时期就是原始青瓷的重要产地，"江苏句容马粟发现的10座春秋中晚期墓葬，原始瓷占随葬品总数的

---

[1] 郭胜斌：《楚文化在湖南出现的年代及其它》，湖南省楚史研究会：《楚史与楚文化研究》，长沙：求索杂志社，1987年，第103页。
[2] 张正明：《楚文化史》，上海：上海人民出版社，1987年，第40页。
[3] （汉）司马迁：《史记》，清武英殿刻本，卷四十。
[4] （汉）司马迁：《史记》，清武英殿刻本，卷三十。
[5] （战国）孟轲：《孟子》，《四部丛刊》景宋大字本，"离娄"。

图 35：陶质长颈壶，汉，高 24.6 厘米、口径 13.2 厘米、底径 8 厘米，湖北省博物馆藏

26.5%；浙江绍兴漓渚 23 座中小型战国墓的随葬品中，原始青瓷占 46%……在绍兴、萧山、诸暨、德清、吴兴等县发现了两处原始瓷窑群"[1]。考古资料表明，在楚灭越之后，浙江等地墓葬中的随葬品种类和组合明显受到了楚国与中原的影响，采用了以鼎、豆、壶随葬的习俗。在上海市嘉定区外冈战国末年的墓葬中出土的一件釉陶瓿，其形状与楚国的铜罍相似。因此，当秦汉时期陶瓷制造在吴越地区再次复兴之时，原始陶瓷器形与纹饰也同时受到了楚文化的影响。

  在器形形制上，以苏秉琦先生提出的"楚式鬲"的器形样式较为典型。与商式鬲足部逐渐变矮至演变成圈足的情况相反，楚式鬲的三足逐渐拉长变高，并由江汉区域传播到江淮区域。另一个具有代表性意义的是楚国独有的长颈壶（图35）。这些楚风浓郁的器形影响到了后期陶瓷器皿的造型，使它们有了纵向拉升与横向收缩的趋势，颈部逐渐拉长，器物本身显得清秀素净。

---

[1]　冯先铭：《中国陶瓷》（修订本），上海：上海古籍出版社，2001年，第235页。

楚人有崇巫、信鬼神的习俗，《国语·楚语下》记载了一段观射父对楚昭王说的话："民之精爽不携贰者，而又能齐肃衷正，其智能上下比义，其圣能光远宣朗，其明能光照之，其聪能听彻之，如是则明神降之，在男曰觋，在女曰巫。"[1] 这样的环境孕育了楚人极富想象力的艺术情怀，也造就了楚器独具特色的丰富的装饰系统。这些装饰纹样反映在楚地制作发达的漆器上时，表现为自然景象纹样、几何形纹样、植物纹样、动物纹样、社会生活与神话传说纹样，"卷云纹、涡纹、窃曲纹在楚国漆器上常见，而在其他国家的漆器上却未见或少见"，同时这些花纹布局非常精细，"常常采用云纹与点纹穿插的手法，使其达到对称中有变化，变化中有规律的艺术效果，描绘技巧熟练，设色和谐，富丽庄重"。[2] 这些平面二维的装饰纹样影响到了陶瓷的装饰纹样，同时，另一种装饰技术也影响到了陶瓷的造型，即在漆器表面利用髹漆、镶嵌、错金银、线刻工艺，通过点与面的堆砌、粘贴的手法使得二维的图案略高于器物表面，形成一定的立体感。这种妍丽的装饰纹样与追求素净的陶器一道，构成了秦汉陶瓷的两种形制风格。

（三）质地与社会需求

秦汉陶器中的最大多数还是泥质灰陶器。[3] 灰陶的陶土含有沙粒，质地较粗糙，但烧成温度高，质地坚硬。这类陶器有豆、釜、缸、盘、茧形壶等日用器皿，也有仿铜礼器形制的灰陶鼎、灰陶敦等明器，还有涂以朱色绘彩或者是包有漆衣用以仿漆器的漆陶

---

[1] （三国）韦昭注：《国语韦氏解》，《士礼居》丛书景宋本，卷十八，"楚语下"。
[2] 陈振裕：《楚文化与漆器研究》，北京：科学出版社，2003年，第423页。
[3] 中国硅酸盐学会：《中国陶瓷史》，北京：文物出版社，1982年，第107页。

等随葬祭器。由于灰陶烧制技术自陶器出现伊始业已发明，经过多年发展，其成器技术已经十分成熟，故这类陶器能满足大部分中下层人民的需求，成为社会中最普遍使用的器皿。

低温铅釉陶在西汉时期广泛流行。由于是运用铅的化合物作为助熔剂，这种质地的陶器在 700 摄氏度就开始熔融，同时加入铁和铜作为着色剂，通过氧化之后，器物表面能形成玻璃质地的釉层，光滑且翠绿。低温铅釉陶的发明，同工人在制作铜器的过程中掌握金属铅的作用有关。这种器皿虽然形成了美观的釉质，但因为是低温烧成，并不适合用于日常生活，故这类出土于秦汉墓葬中的器皿皆是明器，有鼎、壶、盒，以及陶仓、陶井等。

此外，一度中断的原始青瓷，在秦汉时期也重新繁荣（图36、37）。与低温铅釉陶不同，原始青瓷表面施加石灰釉，以 1300

图36（左）：**青釉瓷划花双系壶**，西汉，高32.5厘米、口径14.2厘米、底径13.6厘米，故宫博物院藏

图37（右）：**青釉原始瓷划花双系罐**，西汉，高31.5厘米、口径8.3厘米、足径16.5厘米，故宫博物院藏

摄氏度的高温烧制而成,器质坚硬,敲击能发出清脆的声音。潘岳《笙赋》中提到"披黄苞以授甘,倾缥瓷以酌酃"[①]。按《说文》所云,"缥,帛青白色也",则潘岳《笙赋》所言"缥瓷",当是青白色的瓷器。这种三国两晋时期出现的缥瓷,其前身应当是原始青瓷。东汉中期时胎骨坚细,施有青黄色釉,器形规整,由于具备实用价值,造型也算美观,故这类原始青瓷既被用来制作仿铜明器,也可用作日常生活用器,并以后者居多。据历史研究,从汉武帝开始,贵族官僚地主即身份性的地主与非身份性的庶民地主结合在一起的封建地主阶级已经形成。[②]新兴地主们拥有田宅与产业,"身宠而载高位,家温而食厚禄"[③],随之带来了社会的转型,中上阶层开始对此世的生活更为关注,生活用品开始成为自身财富与地位的象征。与商周先民们不同,他们热心于将新技术投入到制作日常生活用具的生产活动中去,由此生发出了"倾缥瓷以酌酃"的审美追求。

小　结

首先,实用器的形制与装饰设计应该被纳入使用者与使用环境共同组成的系统之中进行考察。滥觞期的陶器样式与实用需求关系密切,同时陶器上的装饰图案对宗教信仰与氏族特征进行了有目的的反映,包含着浓郁的地方特色与宗族特征。

---

① (唐)徐坚:《初学记》,卷二十八,"果木部"。
② 杨生民:《汉代社会性质研究》,北京:北京师范学院出版社,1993年,第31页。
③ (汉)班固:《汉书》,清武英殿刻本,卷五十六。

其次，在青铜时代，青铜器作为贵重器皿，在使用上能够反映出不同社会等级的差别，其装饰和器形系统与财富和身份息息相关。此时出现了用陶器从造型与纹饰上仿制高于使用者身份、地位的青铜器的现象。当然，这也包括自身已经拥有昂贵金属器皿，而用较为低廉的陶器来复制金属器皿的器形与纹饰，替代青铜器用于随葬的情况。在此陶器与青铜器相互影响的过程中，产生了两种倾向：一是从装饰与器形来看，陶器对前期技术与审美经验进行了继承与复制；二是由于陶器与青铜器两者的材质和生产方式不同，在陶器对青铜器的模仿与复制的过程中，又促进了陶器上新纹样与新风格的发生。此外，一些非实用类型的陶明器通过运用与青铜材质不同的物质形态来与"生器"相区分，也表达出区别于普通财富与等级意义上的"死亡之视觉象征"。

最后，对青铜器的模仿也促进了青瓷的产生，原始青瓷的功能也从作为青铜器的随葬祭祀的替代品转换成生活中的器皿。这个过程伴随着社会的转型，表明中上层阶级开始对现世的生活更为关注，生活用品开始成为自身财富与地位的象征。这个时期内突出的审美追求，以及南方的楚文化与中原文化之间的交融所带来的独特审美兴趣，都促进了原始瓷器的创新与发展。

第二章

隋唐陶瓷与外来金银器

提到隋唐的陶瓷，很多人都会立刻联想到"南青北白"这样一种说法。确实，隋唐时期的陶瓷，南方以越窑为传统青瓷的典范，北方则以邢窑为新兴白瓷的代表。不过，"南青北白"虽可描述隋唐陶瓷之概况，但实际上隋唐陶瓷的品类要丰富得多。在青、白这两种最重要的釉色之外，还有黑、黄、花等诸多釉色，此外还有三彩器、绞胎器等多种通过更为复杂的技术手段而获得的花色品种。最为重要的是，釉下绘画的手法肇始于此时。这一技术的发展为后世中国陶瓷的五彩斑斓和丰富多样开启了一扇重要的大门。

值得注意的是，在唐代陶瓷器的发展过程中，伴随着一个对于外来文化因素的模仿、借鉴、改造和创新的过程。隋唐工艺美术的各个领域，均具有这样一种共性：前期胡风浓郁，后期则转向华夏传统文化因素的复兴。由于丝绸之路和海上丝绸之路的对外贸易和交流，首先是唐代的金银器受到外来金银器造型、装饰风格的影响，接着这种影响又在陶瓷器上发生、发展。以下要聚焦的，正是中外文化交流对中国以金银器和陶瓷器为代表的工艺美术的影响。

一、丝绸之路与隋唐社会文化生活

中外文明之交流是长期的、持续的。隋唐金银器和陶瓷器中所体现的外来文化元素不是偶然的，亦非突然的，这与自汉代以来中外文化的不断融合和交流密不可分。要讨论中国中古时期的对外交流，丝绸之路是绕不过去的。丝绸之路的历史就是一部生动的对外交流史，隋唐时期中国对外交流的繁荣，大半因为丝绸之路的兴盛。

（一）丝绸之路的开拓与早期中外文化交流

1877年，德国地质学家李希霍芬（Ferdinand von Richthofen）在他的名著《中国：亲身旅行和据此所作的研究成果》（*China: Ergebnisse eigner Reisen und darauf gegründetrer Studien*）一书的首卷中，把"从公元前114年至公元127年间，中国与中亚、中国与印度间以丝绸贸易为媒介的这条西域交通道路"命名为"丝绸之路"[①]。其后，德国历史学家赫尔曼（Albert Herrmann）在20世纪初出版的《汉代缯绢贸易路考》（又名《中国与叙利亚之间的古代丝绸之路》）（*Die Alten Seidenstrassen Zwischen China und Syrien*）一书中，根据新发现的考古资料，进一步把丝绸之路延伸到地中海西岸和小亚细亚，确定了如今丝绸之路概念的基本内涵，即它是中国古代经过中亚通往南亚、西亚以及欧洲、北非的陆上贸易交往通道。[②] 数千年来，不仅是大量的商品和货物，游牧人、商旅、使节、教徒、兵士和探险者等各种身份的人都活跃在这条通路上。这条路是学界公认的连接亚欧大陆古代东西方文明的交汇之路。

---

① Ferdinand von Richthofen（1877）. *China: Ergebnisse eigner Reisen und darauf gegründetrer Studien* [China: the Results of My Travels and the Studies Based Thereon]. Berlin: R. Reimer.
② ［德］黑尔曼（Albert Herrmann）:《汉代缯绢贸易路考》，1941年天津影印本。

沟通东西方的通路很可能在先秦时期就已经存在，但一般认为丝绸之路的正式打通，应是从西汉张骞（前164—前114）通西域算起。建元三年（前138），为联络西域的大月氏共同对付匈奴，汉武帝（前156—前87，前140—前87年在位）派遣张骞率领由一百多人组成的使节团由长安出发，踏上西去的征途。张骞的征途开始并不顺利，他未能闯过河西走廊的咽喉地带，为匈奴所俘。在被匈奴软禁了十年后，张骞趁匈奴内乱逃脱，带着一名仆人和匈奴妻子继续西行，但此时大月氏已经西迁并安居在阿姆河北岸，并不愿意再与匈奴交锋。于是，张骞在联络了西域诸国，考察了通路、物产、人文等之后，终于在元朔三年（前126年）回到了阔别13年之久的长安。[①]张骞此行虽未能达到联合大月氏共同抗击匈奴的军事目的，却为汉地了解西域地区的政治、经济、军事、物产和民情做出了重要贡献，并起到沟通两地的重要作用。

元狩四年（前119），汉朝对匈奴作战不断取得胜利，汉朝的军队和势力已完全掌控了河西走廊。武帝再次派遣张骞并三百多人组成的大型使团出使西域。此次出行使团带着大量的牛马和货物，与乌孙、大宛、康居、月氏、大夏等国建立了良好关系。元鼎二年（前115），张骞返国时，乌孙还派使者随同张骞一起到了长安。此后，汉朝派出的使者还到过安息、身毒、奄蔡、条支、犁轩等地。从此，汉与西域的交通线建立了起来。由此，中国的人和物接踵西行，西域的人和物也纷纷东来。其中最重要的丝绸贸易，由长安通过河西走廊、今新疆地区，运往西亚，再转运到欧洲。中古时期地球上最长的陆上交通线——丝绸之路由此建立。

---

① （汉）班固：《汉书》，清武英殿刻本，卷六十，"张骞、李广利传第三十一"。

图 1：**波斯银盒**，西汉，高 12.1 厘米、腹径 14.8 厘米，广东省广州市南越王墓出土，南越王墓博物馆藏

除了传统的陆上丝绸之路之外，中国对外贸易的通道还有一条海上丝绸之路。1913 年法国汉学家沙畹（Edouard Chavannes）在他的著作《西突厥史料》中提出："丝路有陆、海两道。北道出康居，南道为通印度诸港之海道"①，由此学界普遍接受了海上丝绸之路的存在。

先秦时代，从文献中已可见出海和远航的记载。两汉时期，一般认为海上丝绸之路在此时得以确立。汉初南越国第二代国王文帝赵眜（？—前 122，前 137—前 122 年在位）的陵墓中，出土有非洲象牙、金花泡、波斯银盒[图1]等物②，可见当时海路所

---

① ［法］沙畹（Edouard Chavannes）:《西突厥史料》，冯承钧译，北京：中华书局，2004年，第2页。
② 广州象岗汉墓发掘队:《西汉南越王墓发掘初步报告》，《考古》1984年第3期。

达。汉武帝灭南越国后,汉朝掌握了这条海上交通要道。《汉书·地理志》有汉武帝派遣的使者和应募的商人出海贸易的航程的记载:自日南(今越南中部)或徐闻(今属广东)、合浦(今属广西)乘船出海,顺中南半岛东岸南行,经五个月抵达湄公河三角洲的都元(今越南南部的迪石)。复沿中南半岛的西岸北行,经四个月航抵湄南河口的邑卢(今泰国之佛统)。自此南下沿马来半岛东岸,经二十余日驶抵谌离(今泰国之巴蜀)。在此弃船登岸,横越地峡,步行十余日,抵达夫甘都卢(今缅甸之丹那沙林)。再登船向西航行于印度洋,经两个多月到达黄支国(今印度东南海岸之康契普腊姆)。回国时,由黄支南下至已程不国(今斯里兰卡),然后向东直航,经八个月驶抵马六甲海峡,泊于皮宗(今新加坡西面之皮散岛)。最后再航行两个多月,由皮宗驶达日南郡的象林县境(治所在今越南维川县南的茶荞)。①

海上丝绸之路在以后的数千年里一直在中外贸易和交流中扮演着重要角色。这条通路上的大宗货品,也随着时代发展由丝绸变成了瓷器,并且更为丰富和多元。由此,"海上丝绸之路"也称"海上陶瓷之路""海上香料之路"。

(二)唐代丝绸之路与社会好胡之风

《后汉书·西域传》云:"自建武至于延光,西域三绝三通。"② 漫漫历史长河中丝绸之路并非一直通畅,东汉末至魏晋南北朝,北方频发的战乱以及少数民族的入侵使得丝路时断时续。而进入唐代,唐帝国借击破突厥的时机,一举控制西域各国,并设立安

---

① 梁炳猛:《汉唐时期的合浦与北部湾海上丝绸之路》,《创新》2010年第1期。
② (宋)范晔:《后汉书》,《百衲本》宋绍熙刻本,卷八十八,"西域传"第七十八。

西四镇,即龟兹、焉耆、于阗、疏勒,以巩固对西域地区的行政控制;又新修了唐玉门关,再度开放沿途各关隘,并打通了天山北路的丝路分线,将西线打通至中亚,从而重新打通了这条商路,并控制和保障着商路的安全。与此同时,东罗马帝国、萨珊波斯王朝也保持了较长时间相对稳定的政治局势,令这条商路再度迎来了繁荣时期。

彼时,原居于中亚,建立许多绿洲城邦和据点,史称昭武九姓的粟特人,在丝绸之路上扮演了十分重要的角色(图2)。这个"善商贾,好利,丈夫年二十,去傍国,利所在无不至"[1]的商业民族,在东西方文明间左右逢源,充当着重要的沟通角色。正如姜伯勤先生所言:"粟特人是丝路贸易中起相当作用的贸易中介。"[2]而荣新江先生更是指出:"可以说,从公元四世纪初,到公元八世纪上半叶,粟特人在中亚到中国北方的陆上丝绸之路沿线,已经建立了完善的商业贩运和贸易的网络。"[3]

粟特人不仅在中国与西方的波斯、大食、拂菻的贸易中扮演着中间商的角色,还在丝绸之路上传播着各种精神文化,如佛教以及他们的民族原始信仰——祆教等,安伽、史君、虞弘墓的祆教祭司形象和敦煌出土的一批粟特文佛典,是最好的证明。还有一些粟特人成为从波斯向中国传播摩尼教、景教的传教士,吐鲁番发现的粟特文摩尼教和景教文献,应当出自他们之手。此外,粟特人钟爱歌舞、饮用葡萄酒、着翻领窄袖服饰等生活方式,也

---

[1] (宋)欧阳修等:《新唐书》,清乾隆武英殿刻本,卷二百二十一上,"列传"第一百四十六上,"西域"。
[2] 姜伯勤:《敦煌吐鲁番文书与丝绸之路》,北京:文物出版社,1994年,第188页。
[3] 荣新江:《波斯与中国:两种文化在唐朝的交融》,《中国学术》2002年第4期,第62页。

第二章　隋唐陶瓷与外来金银器

图 2（上）：**史君石椁西壁粟特商队图**，北周，陕西省西安市凉州萨保史君墓出土，西安博物院藏

图 3（下）：**胡商遇盗图**，唐，甘肃省酒泉市敦煌莫高窟 45 窟

深深影响着唐朝的社会，引领着时代的风尚。①

当然，活跃在丝绸之路上的不仅有粟特商人，还有各个国家的使者、各种宗教的僧侣等。因为这条道路在唐代较长时间里的畅通、稳定和繁荣，来自西方各个民族、各种身份的人源源不断地来到中国（图3）。当时在中国的境内，胡人几乎随处可见，尤其在都城巨邑和西北、东南的缘边地区，都有大批异国人口长期居留。按向达先生的分析，当时流寓长安的西域人大抵分为四类："魏周以来入居中夏，华化虽久，其族姓犹皎然可循者，一也。西域商胡逐利东来，二也。异教僧侣传道中土，三也。唐时异族畏威，多遣子侄为质于唐，入充侍卫，因而久居长安，如新罗质子金允夫入朝充质，留长安至二十六年之久，即其一例；此中并有即留长安入籍为民者，四也。"②

在这样的背景下，来自西方各国的各种各样的货物源源不断地涌入中国。美国博物学家薛爱华（Edward Hetzel Schafer）在他的名著《撒马尔罕的金桃——唐代舶来品研究》（*The Golden Peaches of Samarkand: A Study of Tang Exotics*）中深入介绍了繁盛的唐帝国所拥有的丰富的舶来品，包括：战俘、奴隶、侏儒、人质、贡人、乐人和舞伎等各种身份的人口（图4、5）；马、骆驼、牛、山羊、绵羊、驴、野驴、骡子和犬等各个品种的家畜；大象、犀牛、狮子、猎豹、文豹、黑貂、白貂、瞪羚、土拨鼠、猫鼬、鼬鼠等各类野兽；鹰、鹘、孔雀、鹦鹉、鸵鸟、频伽鸟等飞禽；鹿皮、马皮、海豹皮、貂皮、狮皮、鲨鱼皮等各类毛皮以及羽毛和虫饰；椰枣树、菩提树、沙

---

① 荣新江：《从撒马尔干到长安：中古时期粟特人的迁徙与入居》，荣新江、张志清：《从撒马尔干到长安：粟特人在中国的文化遗迹》，北京：北京图书馆出版社，2004年，第3—8页。
② 向达：《唐代长安与西域文明》，石家庄：河北教育出版社，2001年，第10页。

第二章　隋唐陶瓷与外来金银器

图4（左）：**三彩骆驼载乐俑**，唐，高58厘米，长43厘米，陕西省西安市中堡村唐墓出土，陕西历史博物馆藏

图5（右）：**彩绘黑人俑**，唐，高25厘米，陕西省咸阳市长武县郭村唐墓出土，长武县博物馆藏

罗树、郁金香、那伽花、佛土叶、水仙、莲花、青睡莲等植物植株、种子和产品；紫檀、乌木等贵重木材；葡萄、葡萄酒以及各种西域瓜果和外来蔬菜；沉香、檀香、紫藤香、榄香、樟脑、苏合香、安息香、爪哇香、乳香、没药、丁香、青木香、广藿香、茉莉油、玫瑰香水等各色香料；质汗、底也迦、豆蔻、肉豆蔻、胡桐树脂、木蜜、人参、白蜡、蚺蛇胆等各类药品；金衣、羽衣、毛织品、毛毯、毡布等纺织品；猩猩血、紫胶、苏方、青黛、藤黄、雌黄、扁青等颜料；明矾、硼砂、硝石、芒硝、硫黄、金刚石等矿石；玉、

水晶、孔雀石、天青石、玻璃、火珠、象牙、犀角、鱼牙、珍珠、玳瑁、珊瑚、琥珀、砗磲等宝石及珍稀品;黄金、紫金、银、黄铜等货币金属;盔甲、剑、枪、弓、矢等兵器;舍利、佛像等宗教器物;旅游、地理、宗教、科学等各类书籍和地图等。①

唐朝上流社会的贵族们,是这些舶来品忠实的消费者,他们最早接触和接受来自胡地的各种新鲜的生活方式和文化内容。史载唐玄宗(685—762,712—756年在位)曾起凉殿,虽在盛暑,座内含冰;京兆尹王鉷(?—752)宅内有自雨亭子,檐上飞流四注,当夏处之,凛若高秋。②玄宗的凉殿和王鉷的自雨亭即仿拂菻(东罗马)风所造。淮安王李寿(577—630)墓③的石椁内有线刻角形杯、胡瓶、多曲长杯等典型外来器物④;房陵大长公主(619—673)墓的墓室壁画中,有胡瓶、多曲长杯、三足银盘等典型胡器⑤;永泰公主(684—701)墓的石椁内,有执胡瓶侍女图,在墓室壁画上也有手持多曲长杯的侍女形象⑥;而节愍太子(?—707)墓中,则是出土了白釉三足盘、白釉高足杯等器物⑦。由此可见在安史之乱以前唐皇室贵族阶层好胡之风的盛行以及对于胡器的喜爱(图6、7)。

唐前期至盛期皇室贵族上流阶层对于胡风之崇尚,带动了整个社会对于胡风之推崇。薛爱华指出:"7世纪(中国)还是一个

---

① [美]薛爱华(Edward Hetzel Schafer):《撒马尔罕的金桃——唐代舶来品研究》,吴玉贵译,北京:社会科学文献出版社,2016年。
② (宋)王谠:《唐语林》,清《惜阴轩丛书》本,卷五。
③ 陕西省博物馆、文管会:《唐李寿墓发掘简报》,《文物》1974年第9期。
④ 孙机:《唐李寿石椁线刻〈侍女图〉、〈乐舞图〉散记》(上),《文物》1996年第5期。
⑤ 安峥地:《唐房陵大长公主墓清理简报》,《文博》1990年第1期。
⑥ 陕西省文物管理委员会:《唐永泰公主墓发掘简报》,《文物》1964年第1期。
⑦ 陕西省考古研究所:《唐节愍太子墓发掘简报》,《考古与文物》2004年第4期。

图6（上）：**永泰公主墓壁画侍女图**，唐，陕西省西安市永泰公主李仙蕙墓出土，陕西历史博物馆藏。该侍女着胡服，手捧葡萄，可见唐代上流社会深受胡风影响的生活方式

图7（下）：**韦贵妃墓壁画胡人备马图**，唐，陕西省礼泉县昭陵韦贵妃墓出土，昭陵博物馆藏。该壁画说明唐代上流社会在生活中常使用胡人奴仆

崇尚外来物品的时代,当时追求各种各样的外国奢侈品和奇珍异宝的风气开始从宫廷中传播开来,从而广泛地流行于一般的城市居民阶层之中。"① 向达先生亦说:"李唐起自西陲,历事周隋,不唯政制多袭前代之旧,一切文物亦复不间华夷,兼收并蓄。第七世纪以降之长安,几乎为一国际的都会,各种人民,各种宗教,无不可于长安得之。太宗雄才大略,固不囿于琐微,而波罗球之盛行唐代,太宗即与有力焉。开元、天宝之际,天下升平,而玄宗以声色犬马为羁縻诸王之策,重以蕃将大盛,异族入居长安者多,于是长安胡化盛极一时,此种胡化大率为西域风之好尚:服饰、饮食、宫室、乐舞、绘画,竞事纷泊;其极社会各方面,隐约皆有所化,好之者盖不仅帝王及一二贵戚达官已也。"②

千里而来的舶来品十分贵重,非一般人可以享用,即使对于贵族阶层,输入的数量也远远不能满足好胡之风下他们的消费需求。于是对一些舶来品,譬如金银器的仿制就成为一种必然。那么,在这样的背景下陶瓷无疑是贵价金银器最好的廉价替代。许多外来的装饰纹样被运用于陶瓷,工艺手法也被借鉴。

可惜的是,天宝十年(751),唐朝军队在怛逻斯一战中惨败于大食,大将高仙芝(?—756)仅以身免。从此,唐朝势力开始退出中亚。四年后,安史之乱起,唐朝衰落无力西顾。吐蕃乘虚北上越过昆仑山,进占河陇,侵占了西域的大部,丝绸之路于是又陷入中断。即便日后曾有短暂恢复,但已无法改变丝路衰颓之势。中国北方地区战火连年,丝绸、瓷器的产量不断下降,商人也唯

---

① [美]薛爱华(Edward Hetzel Schafer):《唐代的外来文明》,吴玉贵译,西安:陕西师范大学出版社,2005年,第29页。
② 向达:《唐代长安与西域文明》,石家庄:河北教育出版社,2001年,第42页。

第二章 隋唐陶瓷与外来金银器

求自保而不愿远行。中晚唐以后,中国经济中心逐渐南移,因而相对稳定的南方对外贸易明显增加,带动了南方丝绸之路和海上丝绸之路的繁荣,成都和泉州也因此逐渐成为南方经济大城。

大体上,安史之乱前,隋唐帝国繁荣富强,昌明发达,因而有了绝域入贡、万邦来朝的盛况。那时,西北有陆路沟通中外,东南有海道联络东西,商队络绎不绝,使团相望于道。空前畅达的交通引出了空前频繁的文化交流,尤其是与西方的密切联系同工艺美术大有关联。[①]

二、唐代金银器的发展与西方文化

工艺美术的艺术取向与统治集团之背景、好尚息息相关。隋唐之前,北方为少数民族长期统治,几百年的共同生活使汉、胡取长补短,逐步实现了民族大融合。当时异域人士大量入迁中土,而西方的金玉宝物甚至成了皇亲贵戚们炫耀的对象。[②]

打造金银器皿的历史要晚于制造金银饰物,秦汉时期金银的使用已很普遍,但多是用于装饰青铜器及制作饰物。而战国时期金银器物的制作有较大发展,出土品中可见较为完整独立的金银器,譬如曾侯乙墓出土的蟠螭纹金盏是目前发现的最早、最大的金银器物,此外该墓葬中还出土有金匕、金碗等。三国两晋南北朝时期,历史文献记载中的黄金、白银数量锐减,考古出土的金银器物的数量也不是很多,在器物种类、工艺和装饰手法上,基

---

① 尚刚:《隋唐五代工艺美术史》,北京:人民美术出版社,2005年,第3页。
② 范祥雍:《洛阳伽蓝记校注》,上海:上海古籍出版社,1978年,第206—207页。

本延续战国、两汉时期的风格。不过，北方游牧民族以鲜卑文化为特色的金饰件较为流行，这一时期已经有与外国的商贸往来，因而也可见许多外国的金银器。

经过隋代的酝酿，中国金银器的制作在唐代达到了高峰。不仅是出土品的数量和质量令人惊叹，许多前代未被发明、后世已经失传的精湛工艺都出现于此时；许多被认为源于西域，而后则被融合并代表盛世气象的纹饰也都诞生于此时。

唐代金银器艺术之所以能达成如此空前绝后的成就，主要有以下几点原因：第一，外来金银器皿大量输入，相关制造技术亦随之传入。第二，唐代皇室贵族对于金银器之狂热追求。众所周知，李唐统治集团本身即具有鲜卑血统，他们与游牧民族的各种联系十分紧密。而古代游牧民族对于贵金属素有偏好，不仅是因为他们对于美之理解，更因为他们将贵金属视为财富的象征。第三，自汉代以来就有"金银为食器可得不死"的观念，受这一观念影响，唐皇室贵族们认为金银为食器可以益寿延年。第四，唐代进奉之风兴盛，试图邀功取宠的地方大员，往往将进奉之物折为金银，甚至再做成精美器物送到长安。第五，周边少数民族政权，如突厥、契丹、吐蕃等，也经常贡入金银器。第六，帝王赏赐下臣金银器物以笼络人心亦是一种重要的政治手段。

（一）唐以前的外来金银器

要考察唐代金银器中的外来影响，首先要对唐以前输入中国的外来金银器略做交代。从考古材料看，目前唐以前的外来金银器以器皿为多。

据齐东方先生之统计，唐以前外国输入的金银器目前发现的主要有：山东省淄博市西汉齐王墓出土的银盒、广东省广州市西

第二章 隋唐陶瓷与外来金银器

汉南越王赵眛墓出土的银盒、青海省西宁市大通上孙家寨晋墓出土的带把银壶、甘肃省白银市靖远县北滩镇出土的银盘、新疆维吾尔自治区焉耆回族自治县出土的银盘、山西省大同市北魏封和突（438—501）墓出土的银盘、山西省大同市北魏城址出土的银多曲长杯、山西省大同市北魏城址出土的银碗、宁夏回族自治区固原市北周李贤（502—569）墓出土的银壶、山西省大同市南郊北魏遗址出土的人物纹银碗、河北省石家庄市赞皇县东魏李希宗（501—540）墓出土的银碗、广东省湛江市遂溪县南朝窖藏出土的银碗和银杯等。[①] 据齐东方研究，"山西大同封和突墓的狩猎纹银盘当是萨珊器物无疑。甘肃靖远的银盘大约是罗马产品。河北赞皇东魏李希宗墓的银碗可能是萨珊东南部或巴克特利亚地区的制品。宁夏固原北周李贤墓的银壶和山西大同出土的银多曲长杯，为制作于中亚的萨珊式器物。山西大同出土的两件银碗，应是中亚嚈哒人的制品。新疆焉耆七个星乡出土的七鸵纹银盘和银碗，以及广东遂溪银碗为中亚粟特遗物。广东遂溪出土的银杯尚难推测其产地。"[②]

值得注意的是，外来器物的传入对中国金银器制造业产生了巨大影响，出现了利用外来工艺制造和以外来装饰纹样装饰的中国传统器形以及用其他材料仿制外来器形的器物。例如，陕西省西安市卢家口村出土的东汉金灶、河北省保定市定县东汉中山穆王刘畅（？—174）墓出土的掐丝金龙、掐丝羊群等，样式纯粹是中国式的，制作技术却是外来的。[③] 山西省大同市封和突墓和

---

① 齐东方：《唐代金银器研究》，北京：中国社会科学出版社，1999年，第248—260页。
② 齐东方：《唐代金银器研究》，北京：中国社会科学出版社，1999年，第260页。
③ 齐东方：《唐代金银器研究》，北京：中国社会科学出版社，1999年，第252页；《西安》，北京：中国外文出版社，1986年；定县博物馆：《河北定县43号汉墓发掘简报》，《文物》1973年第11期。

图 8（左）：**银耳杯**，北魏，长 12.9 厘米、宽 7.2 厘米，山西省大同市小站村花圪塔台封和突墓出土，大同市博物馆藏

图 9（右）：**银耳杯**，北魏，长 13 厘米、宽 8 厘米，山西省大同市小站村花圪塔台封和突墓出土，大同市博物馆藏

宁夏回族自治区固原市北魏墓出土的银耳杯上面出现了西方流行的联珠纹（图8、9），这是中国传统器物造型与外来纹饰的结合。[①] 而云南省昆明市晋宁区石寨山 11 号、12 号汉墓各出土一件镀锡青铜盒，其造型和外表做出凹凸起伏的水滴状花瓣，与山东省淄博市西汉齐王墓及广东省广州市西汉南越王赵眜墓出土的波斯银盒造型相似，显系中国之仿造品。[②] 由此可知，自外来金银器传入之始，中国便开始了对于其制作技术和某些装饰纹样的学习、模仿，并在最初就试图将其与中国传统器形加以融合。

（二）唐代金银器的特色

到了唐代，繁盛的帝国使得金银原料大增，在对外交流广泛

[①] 齐东方：《唐代金银器研究》，北京：中国社会科学出版社，1999年，第260页；马玉基：《大同市小站村花圪塔台北魏墓清理简报》，《文物》1983年第8期；宁夏固原博物馆：《固原北魏墓漆棺画》，银川：宁夏人民出版社，1988年。

[②] 齐东方：《唐代金银器研究》，北京：中国社会科学出版社，1999年，第251页；云南省博物馆：《云南晋宁石寨山古墓群发掘报告》，北京：文物出版社，1959年，第69页。

第二章　隋唐陶瓷与外来金银器

的时代背景下，西方金银器所采用的精湛的捶揲工艺、造型艺术和装饰纹样，逐渐与唐代的创新融为一体，使中国金银器风格突变，形成一番新气象。

包括陶瓷器、金银器在内，隋唐时期的工艺美术可以安史之乱为分界点分为前后期。前期的主要特征是对于外来文化的崇尚，胡风弥漫，通过中亚粟特人这一媒介吸收被其消化、改造过的西方文化，因此常常带有浓郁的西方风情。安史之乱后，丝绸之路被切断，工艺美术中西方之影响日益减弱。加之祸乱之首安禄山、史思明皆为"杂种胡"，而以后胡作非为之吐蕃、回鹘又属胡族，使得当时社会各阶层对于胡人渐生反感，因此对于胡人物品的好感也降低。再者，北方仍战乱频仍，经济遭到破坏，而南方相对稳定，这使得江浙、吴越等地的工艺品生产的地位日渐重要。那里民族构成没有北方那样驳杂，汉文化氛围浓厚，传统文化之影响更为突出。"如果说，安史之乱以前，中国工艺美术的西方因素已被改造，那么，此后，华夏之风便更加自觉、更加明朗了。"[①]总体来看，前期之特色就是外来文化的影响，后期则是传统华夏之风的回归。

前面已经提到，唐代金银器的发展受到西方影响。齐东方先生通过将唐代金银器与"西方"金银器进行反复比较后，将其中一部分器皿分成与粟特、萨珊、罗马—拜占庭有关的三个系统。中亚、西亚和地中海沿岸地区复杂的历史文化以及金银器皿自身内涵的多样性，也决定了这些器物本身是多种文化因素的集合体。在对唐代金银器器形的影响上，粟特系统的主要有胡瓶、长

---

① 尚刚：《天工开物：古代工艺美术》，北京：生活·读书·新知三联书店，2007年，第68页。

杯、带把杯、多曲瓣金银碗等,萨珊系统的主要有胡瓶、多曲长杯等,而罗马—拜占庭系统最具代表性的当是高足杯。在金银器装饰纹样上,萨珊、粟特系统的有联珠纹、徽章式纹样、多角鹿纹等,罗马—拜占庭系统的则有水波纹等。此外,除早期莲花纹饰等佛教题材外,唐代金银器装饰图样还流行印度神话中的摩羯纹,另外贵霜—嚈哒、大食等文化因素亦对唐代金银器产生了某些影响。①

同时,从外来文化传入之始,中国便尝试将之融入中华文化传统之中,所以,虽然唐代前期胡风盛行,但盛唐时代,金银器造型的中国化便已启动;胡瓶、高足杯等器物固然洋味十足,但也常常有别于西方的楷模,甚至会以西方的传统造型作为中国式样的器物的一部分。②

(三) 唐代金银器中的胡风

唐代金银器中形制与西方艺术亲缘最近的典型器,主要有多曲长杯、高足杯和把杯。

多曲长杯源自萨珊波斯的著名器形,经由中亚东传到中国。目前中国境内出土的时间最早的多曲长杯为山西省大同市北魏城址出土的银多曲长杯,最初曾被称为"洗"。夏鼐指出,此物当系萨珊波斯产品③;孙培良进一步撰文考证,指出此物为萨珊波斯的典型样式,其时代为5世纪中叶到5世纪末,产地为伊朗东部的呼罗珊地区④;而孙机则认为此物非萨珊器物,其中亚及中亚

---

① 齐东方:《唐代金银器研究》,北京:中国社会科学出版社,1999年,第303—320页。
② 尚刚:《隋唐五代工艺美术史》,北京:人民美术出版社,2005年,第163—170页。
③ 夏鼐:《近年中国出土的萨珊朝文物》,《考古》1978年第2期。
④ 孙培良:《略谈大同市南郊出土的几件银器和铜器》,《文物》1977年第9期。

第二章 隋唐陶瓷与外来金银器

以北的草原艺术特色浓厚，故中亚之粟特等地的影响也不容忽视[1]；齐东方则明确指出，其艺术特色在粟特和斯基泰艺术中可以见到，故推测为中亚制品[2]。

关于多曲长杯的定名，孙机曾专门做了考察，引用古代文献中提到的酒器"叵罗"及"颇罗""破罗""不落""凿落"等，认为"在唐代常见的酒器中只有多曲长杯不知其本名，而在常见的酒器名称中又只有叵罗不知为何物；两相比较，则多曲长杯或即叵罗"[3]。而关于"叵罗"，俄国学者在翻译美国学者薛爱华的《撒马尔罕的金桃——唐代舶来品研究》一书时，曾对"叵罗"一词加以注释，认为源自伊朗语 Padrod，即指"碗"[4]。

齐东方将唐代多曲长杯分为两种类型三个样式，其中 A 型较接近萨珊样式，为八曲，但纹样则为唐代前期流行样式，为中国制造的器物无疑，年代应在 7 世纪后半叶。BⅠ型长杯各曲瓣的曲线均由口至底，各自独立，形成竖向分瓣式的器体，多为四曲瓣，底心纹样的边缘和口沿多有叶瓣边饰，时代为 8 世纪到 9 世纪。BⅡ型长杯的杯体加深呈碗形，圈足增高为台座，杯体还保留着多曲长杯遗风，故将之归为多曲长杯系统。为八曲瓣，保留了萨珊风格，但杯口曲瓣已不明显，近似于椭圆形，分曲的曲线只有浅浅的痕迹。有一些长杯的高圈足为卷荷叶状。时代为 9 世纪，尤其流行于 9 世纪末[5]。

萨珊式多曲长杯传到中国后，经过由仿制到创新的演变，虽

---

[1] 孙机：《唐李寿石椁线刻〈侍女图〉、〈乐舞图〉散记》，《文物》1996年第5期。
[2] 齐东方：《唐代金银器研究》，北京：中国社会科学出版社，1999年，第385—386页。
[3] 孙机：《唐李寿石椁线刻〈侍女图〉、〈乐舞图〉散记》，《文物》1996年第5期。
[4] 转引自齐东方：《唐代金银器研究》，北京：中国社会科学出版社，1999年，第384页。
[5] 齐东方：《唐代金银器研究》，北京：中国社会科学出版社，1999年，第387—393页。

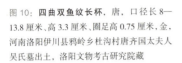

图 10：**四曲双鱼纹长杯**，唐，口径长 8—13.8 厘米、高 3.3 厘米、圈足高 0.75 厘米，金，河南洛阳伊川县鸦岭乡杜沟村唐齐国太夫人吴氏墓出土，洛阳文物考古研究院藏

然逐渐失去了其本来特征，却反映了外来文化在中国的融合过程。到晚唐之后，中国长杯中的萨珊特征只留下一些痕迹，实际上与母体已经分道扬镳，完全成为中国特色之器皿（图10）。瓷器中的长杯，其样式来源于对金银器的模仿，因而间接得益于萨珊艺术。

  高足杯在南北朝的墓葬中就已多次发现，到隋唐更是风靡一时。孙机认为，中国的高足杯是随着东晋南朝饮食器瘦长化发展趋势产生的，但同时也指出唐代高足杯中的外来因素。① 齐东方则指出，高足杯本是罗马风格器物，拜占庭时仍沿用，唐代的高足杯可能源于拜占庭，但由于萨珊波斯控制着中国通往拜占庭的要道，不能排除这种影响是间接的。② 根据齐东方的研究，目前已知的隋唐时期金银高足杯均产在中国，除两件花口、斜壁、粗足者外，皆为 8 世纪中叶以前即唐前期的产品。其中口小、腹深者可能时间略早，杯体较浅、呈碗形者年代稍晚，足与杯体之间有托盘和足中部有"算盘珠"式节的器物较早。③ 著名的陕西省西安市南郊何家村窖藏就曾出土这样的高足杯（图11），此外，陕西省西安市沙坡村窖藏也出土有同类器物（图12）。

---

① 孙机：《唐李寿石椁线刻〈侍女图〉、〈乐舞图〉散记》，《文物》1996年第5期。
② 齐东方：《唐代金银器研究》，北京：中国社会科学出版社，1999年，第410页。
③ 齐东方：《唐代金银器研究》，北京：中国社会科学出版社，1999年，第398—406页。

第二章　隋唐陶瓷与外来金银器

图 11（上）：**狩猎纹银高足杯**，唐，高 7.4 厘米、足径 6.3 厘米，陕西省西安市何家村窖藏出土，中国国家博物馆藏

图 12（下）：**莲瓣花鸟纹银高足杯**，唐，高 5 厘米、足径 7.2 厘米，陕西省西安市沙坡村窖藏出土，中国国家博物馆藏

图 13（左上）：**金筐宝钿团花纹金杯**，唐，高 6 厘米、口径 6.9 厘米，陕西省西安市何家村窖藏出土，陕西历史博物馆藏

图 14（右上）：**仕女狩猎纹八瓣银杯**，唐，高 5.5 厘米、口径 9.2 厘米，陕西省西安市何家村窖藏出土，陕西历史博物馆藏

图 15（中）：**伎乐纹八棱金杯**，唐，高 6.4 厘米、口径 7.2 厘米，陕西省西安市何家村窖藏出土，陕西历史博物馆藏

图 16（左下）：**鎏金伎乐纹八棱银杯**，唐，高 6.4 厘米、口径 7 厘米，陕西省西安市何家村窖藏出土，陕西历史博物馆藏

图 17（右下）：**素面罐形带把银杯**，唐，高 9.9. 厘米、口径 9 厘米，陕西省西安市何家村窖藏出土，陕西历史博物馆藏

唐代金银带把杯目前发现的数量也不少,仅在西安何家村窖藏就一次发现5只(图13、14、15、16、17),其中2只为金杯。把杯的形态变化较多:杯把有环形、"6"字形、草叶形等;杯身有罐形、碗形、直筒形、八棱形等。关于把杯的源流,夏鼐以为八棱形把杯具有萨珊式特征[1],而齐东方分析认为唐代金银把杯与粟特银器有深厚渊源。目前发现的把杯有粟特输入品、粟特工匠在中国制品以及中国制品三类。其中罐形、碗形身,环形把的为粟特制品;八棱形身、环形把,装饰较有胡风的为粟特工匠在中国制品;其余的,特别是"6"字形把和草叶形把的为在粟特影响下的中国制品。[2]

三、隋唐陶瓷之渊源

唐代的陶瓷器取得了许多重大成就,如低温釉陶的发展和唐三彩、彩瓷的创烧成功,白瓷烧制的成熟,以及外来风格的融入等。这几项重要成就在北朝时期就已打下良好基础。目前所见的北朝陶瓷一般为出土品,因此,要探讨北朝陶瓷的发展对于唐代陶瓷的重要意义,就要从北朝的几座重要墓葬说起。

中国的低温釉陶自西汉创烧成功之后,经历了东汉这一繁荣时期,但从东汉末年到三国两晋时期,釉陶生产量明显减少,处于衰落和停滞状态。到了北朝时期,北方重新开始烧制釉陶,刚开始水平不高,还不如汉代釉陶,但到了北朝后期,釉陶质量明

---

[1] 夏鼐:《近年中国出土的萨珊朝文物》,《考古》1978年第2期。
[2] 齐东方:《唐代金银器研究》,北京:中国社会科学出版社,1999年,第345—358页。

显提高，北齐的陶瓷发展成为北朝陶瓷制品的高峰。这一时期的釉陶已经不用制作普通瓦器的那种红泥作胎，而是使用了高岭土（瓷土）作胎，说明原料已经和瓷器相同，生产也转移到制瓷作坊里来。到北齐出现了釉中挂彩的新工艺，使釉陶工艺发展到一个更新的阶段。

北朝时期几个重要的墓葬有：山西省大同市北魏司马金龙（？—484）墓[①]、山西省寿阳县北齐库狄回洛（506—562）墓[②]、山西省太原市北齐娄叡（531—570）墓[③]、河南省安阳市北齐贾进（？—571）墓[④]、河南省安阳市北齐范粹（？—575）墓[⑤]和河南省濮阳市北齐李云（？—576）墓[⑥]。

司马金龙墓出土了大量釉陶俑。这批陶俑都是普通的红色陶胎，和汉代釉陶质地完全相同，不过，工匠们有意将釉层制得有厚有薄，厚薄相隔，烧成后的作品的釉面就出现了深浅不同的色彩效果。部分釉陶作品烧成之后，在釉面用彩绘原料绘上白色宽条，并勾出红边，或绘黑彩鳞片、斜方格等[⑦]，这是釉陶艺术在色彩上的创新（图18）。

库狄回洛墓出土的釉陶也有了许多新的特点，李知宴先生总结为：第一，用高岭土作胎，完全不用粗陶的普通红土做原料，和唐三彩的胎体原料一致；第二，用氧化焰焙烧，也与唐三彩一

---

① 大同市博物馆、山西省文物工作委员会：《山西大同石家寨北魏司马金龙墓》，《文物》1972年第3期。
② 王克林：《北齐库狄迴洛墓》，《考古学报》1979年第3期。
③ 山西省考古研究所、太原市文物管理委员会：《太原市北齐娄叡墓发掘简报》，《文物》1983年第10期。
④ 孔德铭、焦鹏、申明清：《河南安阳县北齐贾进墓》，《考古》2011年第4期。
⑤ 河南省博物馆：《河南安阳北齐范粹墓发掘简报》，《文物》1972年第1期。
⑥ 周到：《河南濮阳北齐李云墓出土的瓷器和墓志》，《考古》1964年第9期。
⑦ 李知宴：《中国釉陶艺术》，香港：两木出版社，1989年，第102页。

第二章 隋唐陶瓷与外来金银器

图 18（左）：**陶骆驼**，北魏，座长 17.8 厘米、宽 10.7 厘米，骆驼宽 29.5 厘米、通高 31.5 厘米，山西省大同市城东石家寨司马金龙墓出土，大同市博物馆藏

图 19（右）：**黄釉莲花尊**，北齐，高 39.7 厘米，山西省晋中市寿阳县库狄回洛墓出土，山西省考古研究所藏

样；第三，作品上有贴花装饰，花纹粗犷，有石刻浮雕的艺术效果，加之釉面光泽好，又有波斯金银器工艺的一些内容，所以该墓的釉陶很新颖。[①] 不过，库狄回洛墓釉陶还处于釉陶工艺新发展的初级阶段，因此胎体厚重，质地粗糙，胎体白中泛黄，有明显的气孔，杂有细小的沙粒，胎面上也没有施化妆土，没有精细的加工，又因釉层厚，釉中含铁量也太高，所以釉色不够洁净美丽，也有黄褐色流釉现象（图19）。

娄叡墓，因墓主身份地位显赫，墓室规模宏大、保存完整，因此是具有宝贵史料价值的北朝大型墓葬，对研究南北朝时期陶

[①] 李知宴：《中国釉陶艺术》，香港：两木出版社，1989年，第102—103页。

瓷的发展有重要意义。该墓共出土釉陶器76件[①]。关于该墓所出的釉陶器，宿白先生、冯先铭先生、李知宴先生都曾做过相关论述[②]。这批釉陶器均属低温铅釉陶，胎土有的稍白而细，有的含有杂质；表面观察有的胎较坚硬，有的则明显松软；釉色也不完全相同，有淡黄、茶黄与黄绿各种色调。产生这些差别，与制陶原料关系不大，主要是烧制时放在不同窑位的结果。放在窑温高的部位，烧后质量较好，质地坚硬；放在窑温低的部位，必然会有生烧的现象，胎就松软。同时，由于原料加工不充分，胎体中有的地方较为细密，有的地方又有明显气孔，可以看到杂质和细沙。这些都说明当时釉陶工艺尚不够成熟，但比起司马金龙墓所出的釉陶器，其工艺的进步还是明显的。

娄叡墓出土有四件青釉灯，它们两两一对，皆由盏、长柄、底座三部分组成，采用堆贴、刻画等技艺做出装饰。它们的口沿处均有一圈联珠纹，灯盏周壁贴有成组的、对称的模印图案，以忍冬纹、宝珠纹等为主，辅以联珠纹、新月纹、仰莲纹等。长柄饰以莲瓣纹和忍冬纹，器座则覆以莲纹及联珠纹装饰。其中两件口微内敛有折棱（图20），另两件则在长柄上半部有节。

值得注意的是，娄叡墓的这几件青釉灯具有明显的外来文化因素。忍冬纹、联珠纹、宝珠纹、新月太阳等图案化装饰，在西

[①] "原《简报》上称瓷器，研究后认为这批器皿，虽然用了高岭土，但烧制温度较低，均达不到瓷器应有的烧制温度。同时，器壁厚拙，釉色厚，与唐宋时期兴盛起来的中国古代瓷器有着本质上的区别，所以现改称之为低温釉陶器。"山西省考古研究所、太原市文物考古研究所：《北齐东安王娄睿墓》，北京：文物出版社，2006年，第133页。

[②] 宿白：《太原北齐娄叡墓参观记》，《文物》1983年第10期；冯先铭：《从娄叡墓出土文物谈北齐陶瓷特征》，《文物》1983年第10期；李知宴：《北朝陶瓷研究的新资料》，《文物》1983年第10期。

第二章 隋唐陶瓷与外来金银器

域特别是萨珊波斯的工艺制品上很常见。在器物上镶嵌宝石，宝石周围镶嵌联珠纹的形式，亦是萨珊波斯金银器装饰的常见手法。

娄叡墓还出土有几件鸡首壶。鸡首壶源于我国南方，从西晋时期就开始生产，延续了很长时间，器形上也有一些变化。[1]娄叡墓的鸡首壶造型直接来源于南方，但又有北方雄伟的气势。这几件鸡首壶盘口，圆唇微敞，细长颈，平折肩，鼓腹，下腹内收成小平底。肩的前部有一实心鸡首，后部为两根细高螭颈柄，螭口衔着壶口沿，壶颈上有几道弦纹，肩上有四个系，系中间还有莲花钮，壶身上部装饰有垂下的莲花、忍冬等纹饰。有两件还贴有兽面纹，下部饰有一周贴塑的展翅凤鸟纹。李知宴先生认为，这几件鸡首壶上的贴花装饰有波斯金银捶揲的艺术特色，可以说是中国造型和西域装饰的良好结合（图21）[2]。

该墓还出土有两件贴花尊壶，一件带盖（图22），一件细长颈。这两件釉陶作品保持着中国传统艺术特色，造型为中国传统形式。带盖的尊壶，圆盖上以划画和堆塑的两层莲花托着宝珠钮。壶颈上有一凸起的粗节，节上部贴有三个模印团龙纹，节下有三个兽面纹，口衔细茎莲花垂于壶腹。莲花凸起，有高浮雕效果，壶腹莲花间还贴有三个铺首衔环。另一件尊壶细长颈，颈上有三道凸弦纹，壶腹贴塑有四个铺首衔环。这两件贴花尊壶造型挺拔，气势雄伟，有中国传统青铜器的特色，可以说是中国传统造型艺术的延续发展。

娄叡墓还出土了一件意义非凡的釉陶器——二彩水盂（图23）。

---

[1] 李知宴：《三国、两晋、南北朝制瓷业的成就》，《文物》1979年第2期；赵德云：《从鸡头壶到龙柄壶的发展——兼析外来文化因素在这一过程中的作用》，《考古与文物》2007年第1期。
[2] 李知宴：《中国釉陶艺术》，香港：两木出版社，1989年，第107页。

图 20（左）：**莲座青釉灯**，北齐，高 45.5 厘米、盏径 17 厘米、底径 19.5 厘米，山西省太原市晋源区王郭村北齐娄叡墓出土，山西博物院藏

图 21（中）：**青釉龙柄鸡首壶**，北齐，高 50.5 厘米、口径 11 厘米，山西省太原市晋源区王郭村北齐娄叡墓出土，山西博物院藏

图 22（右）：**带盖贴花尊壶**，北齐，高 45 厘米，山西省太原市晋源区王郭村北齐娄叡墓出土

这件水盂制作精细，胎质纯白细腻，敛口、圆鼓腹、平底。器身上饰有七道凸弦纹，内外遍施豆青色釉，釉色晶莹。最为特别的是从口到腹至底，竖饰七道黄绿相间二色釉，釉色流动浸润自然。这件器皿虽小，但已从单色釉发展为二色釉，不失为釉色上的一次突破，标志着釉陶新工艺的出现，为日后唐三彩、唐代花瓷的发展开了先河。

贾进墓中也可以看到二色釉彩器的发展。该墓出土有瓷器 19 件[①]，值得注意的是，其中有四件罐和一件唾盂都有挂彩。罐圆唇，卷沿，束颈，丰肩，腹斜收，平底，外施釉不及底，釉色

---

① 孔德路、焦鹏、申明清：《河南安阳县北齐贾进墓》，《考古》2011 年第 4 期。

第二章　隋唐陶瓷与外来金银器

图 23（左）：**二彩水盂**，北齐，高 27 厘米，山西省太原市晋源区王郭村北齐娄叡墓出土

图 24（右）：**白釉绿彩长颈瓶**，北齐，高 22 厘米、口径 6.8 厘米，河南省安阳市范粹墓出土，河南博物院藏

青中泛黄，肩有绿彩、褐彩。唾盂带盖，盖钮已残失，尖唇，盘口，束颈，斜肩，扁鼓腹，圈足，里外施釉，釉色黄中泛青，间有绿彩、褐彩。与娄叡墓所出二彩水盂相比，贾进墓所出的多彩器有了很大的发展，器形增多，器体变大。

范粹墓在年代上是紧接娄叡墓的又一座北齐贵族官僚墓葬。范粹为北齐骠骑大将军、开府仪同三司、凉州刺史。该墓出土有青釉、白釉瓷器和白釉挂彩、酱釉陶器共计13件[①]。该墓发现了我国北方最早的白瓷[②]，具有重要意义。尽管这批白瓷釉中铁的含量偏高，呈乳浊的淡青色，尚不能用现代白瓷的标准来衡量，但它的出现标志着北齐窑工已初步具备了排除胎釉中铁的成色干扰

---

① 河南省博物馆：《河南安阳北齐范粹墓发掘简报》，《文物》1972年第1期。
② 虽然新近的研究表明，我国南方早在三国时期就已出现白瓷，不过并未形成规模，且没有延续发展，而北方白瓷的出现则为随后的隋唐白瓷发展成熟和以后的中国瓷器的发展奠定了良好基础。关于南方早期白瓷，参见王少石：《一件三国越窑白瓷熊灯引起的思考》，《收藏家》2005年第8期。

的能力。范粹墓的釉陶作品也比娄叡墓、贾进墓更成熟。娄叡墓只有一件挂彩作品,贾进墓虽有五件但挂的彩还不甚流畅。范粹墓出土了几件挂彩作品,数量和品类都有显著增加,品相也更好。特别是其中的白釉绿彩长颈瓶(图24),侈口,圆唇,长颈,肩部丰满,上腹圆鼓,下腹略收,圈足微撇。胎体洁白,施白釉,釉质光润明亮,釉面洁白干净。最为特别的是在肩腹一侧很流畅地挂数道绿彩,深浅有致,流动浸漫自然。另外还有一件三系覆莲罐,造型与该墓的白瓷覆莲罐相似,只是肩部只有三个系,在系之间挂几道绿彩。虽然这几件白釉绿彩作品的白釉还泛青,火候掌握不够准确,但白釉里面用铜元素做出绿色彩带,由上到下流动浸润,深浅相间,自然流畅,表明釉陶挂彩技术的提高,也说明对金属成色原理掌握得更准确,更标志着中国釉陶发展史上新时期的到来,为绚丽多彩的唐三彩、唐代花瓷的大量生产奠定了工艺基础。

釉中挂彩的釉陶生产在北朝后期并未停止,李云墓亦出土有淡黄地绿彩覆莲罐[1]。它的造型与范粹墓所出覆莲罐相类,绿彩顺着四个系,由罐的肩部至腹部缓慢流下来,柔和舒展,浸漫自然。

北朝陶瓷工艺的发展为隋唐陶瓷的繁荣、成熟打下了良好基础:北方白瓷的创烧成功谱写了唐代瓷器"南青北白"的开端;在陶瓷装饰上运用外来文化元素,也为唐代工艺美术中的胡风开了先河。

虽然有专家指出白瓷在东汉和三国时期就已出现[2],但作为一

---

[1] 周到:《河南濮阳北齐李云墓出土的瓷器和墓志》,《考古》1964年第9期。
[2] 高至喜:《长沙出土唐五代白瓷器的研究》,《文物》1984年第1期;王少石:《一件三国越窑白瓷熊灯引起的思考》,《收藏家》2005年第8期。

个连续的体系,中国白瓷的发展还是应该以北朝晚期北方白瓷的出现为开端。此后,在一个相当长的时期内,北方出现了众多白瓷窑场,制作水平也最高,这种状况一直持续到宋代景德镇窑白瓷的兴起。从北齐范粹墓出土白瓷之后,一直到隋唐时期,在贵族阶层的墓葬中一直都有白瓷的出土,且质量越来越高,造型也越来越精美华丽。

尚刚指出,北朝和隋唐时期白色的迅速崛起和骤然风靡,是因为当时统治集团或属北方民族,或与北方民族的血缘、政治关系很深,而北方民族多曾信奉萨满教,在萨满教里,白色恰恰是善的象征,所以,白瓷在北朝和隋唐的勃兴和风靡,除去种种工艺条件之外,还与统治集团的色尚有很大关系,而色尚肯定比技艺更重要[①]。

四、隋唐陶瓷器中的胡风

陶瓷作为廉价材料,其造型和装饰自然而然地会去模仿贵重材料制成的器物,尤其是金银器,而唐代金银器又受到外来文化因素的深刻影响,所以,陶瓷器在造型和装饰上自然也会呈现浓郁的胡风。

唐代具有外来风格的陶瓷器种类很多,除了高足杯、多曲长杯、把杯外,还有胡瓶等多种样式。齐东方就曾指出:"一些出土于一般墓葬之中的铜、锡、陶瓷高足杯、带把杯、多曲长杯,应是普通人无能力、财力拥有金银类的奢侈品,又试图模仿富贵

---

① 尚刚:《隋唐五代工艺美术史》,北京:人民美术出版社,2005年,第109页。

高级的生活方式时的替代品。"①

（一）胡瓶

隋唐时期的陶瓷胡瓶目前出土甚多，从造型上看主要受到萨珊、粟特风格影响，但又颇有中国传统特色。隋唐时期的胡瓶中最为著名的一类是凤首壶。关于凤首壶之研究，最早有1980年李辉柄发表的《青釉凤头龙柄壶年代考》②。该文主要研究了故宫藏的一件青釉凤首壶，将其年代上推至隋。1986年，贺利对凤凰及陶瓷上的凤纹进行了研究，探讨了西安地区李静训（600—608）墓和李凤（622—675）墓出土的白瓷凤首壶等代表性器类。③彭善国发表了《唐代陶瓷凤首壶的类型、渊源与流向》一文，对陶瓷凤首壶的类型、渊源、流向进行了介绍、阐释。④尔后，易立发表的《唐代凤首壶杂识》，先以中原地区出土的材料为中心探讨了凤首壶与金银制品之间的关系，随后关注了北方唐墓及同时期外销陶瓷品中所见的同类器，并对相关问题做了初步探讨。⑤此外，齐东方通过综合比较前人之研究，认为萨珊式胡瓶注口后半部加盖，颈部增长，把的上端提高到颈部，萨珊时代末期，壶把上端安在口部。最重要的是，当时发现的萨珊胡瓶多带有较细高的圈足；而粟特式胡瓶多为粗矮圈足或无足，壶把上端安在

---

① 齐东方:《何家村遗宝与丝绸之路》，陕西历史博物馆、北京大学考古文博学院、北京大学震旦古代文明研究中心:《花舞大唐春:何家村遗宝精粹》，北京:文物出版社，2003年，第43页。
② 李辉柄:《青釉凤头龙柄壶年代考》，《故宫博物院院刊》1980年第1期。
③ 贺利:《谈谈凤凰及陶瓷器上的凤纹》，《故宫博物院院刊》1986年第1期。
④ 彭善国:《唐代陶瓷凤首壶的类型、渊源与流向》，《中原文物》2006年第4期。
⑤ 易立:《唐代凤首壶杂识》，《文物春秋》2006年第5期。

第二章　隋唐陶瓷与外来金银器

口部。①

从目前发现的凤首壶看，早期亦可看到萨珊式胡瓶的影响，尔后则更多地受到粟特式胡瓶造型风格影响。已有许多学者对唐代的凤首瓶做了相关分类，例如，李知宴主要以三彩凤首壶为主分了八种类型②，彭善国则依据凤首所在位置及流是否与颈腹相通，将其分为两大类③。本书尝试以风格将凤首壶归类，主要有萨珊风、粟特风、华夏风三类。当然，这种分类的界限并不是硬性的，因为凤首壶本身就是中国化的胡瓶，而有些凤首壶可能同时受到萨珊和粟特的影响。

目前最为著名的一件凤首壶要数故宫博物院藏的出土于河南省汲县的青釉凤首龙柄壶（图25）了。前文提到，1980年李辉柄曾专门就其年代做了考订④。这件凤首壶胎体厚重，釉色青绿匀净，造型挺拔，壶口、颈部和高圈足上各饰有一圈联珠纹，壶腹上部装饰一圈萨珊徽章式纹样，总体上看有典型的萨珊式胡瓶风貌。但是，凤首、龙柄以及忍冬、莲瓣、卷叶、宝相花、力士等装饰又透露着中国气派，尤其龙柄纵贯整个壶身，十分大气。另外，莲瓣装饰与南北朝时期的青釉仰覆莲花尊相类，华夏之风浓厚，而凤头制成壶盖，又与萨珊后期胡瓶注口后半部加盖这一特征相对应。所以，这件凤首壶是一件具有萨珊风格的器物。因瓷器是模仿金银器制造，按照唐代金银胡瓶的特征，其年代应该较早。李辉柄将其定为隋代之物有一定道理，但从其装饰风格上看

---

① 齐东方：《唐代金银器研究》，北京：中国社会科学出版社，1999年，第306—308页。
② 李知宴：《中国釉陶艺术》，香港：两木出版社，1989年，第152—153页。
③ 彭善国：《唐代陶瓷凤首壶的类型、渊源与流向》，《中原文物》2006年第4期。
④ 李辉柄：《青釉凤头龙柄壶年代考》，《故宫博物院院刊》1980年第1期。

应该属于唐初之器物,是唐代青瓷中的杰作。

像故宫博物院藏青釉凤首龙柄壶这样,凤首由口和盖两部分组成的凤首壶样式,在唐代一直流行至唐末。日本东京国立博物馆藏有一件白釉凤首壶(图26),虽然其整体造型较青釉凤首龙柄壶敦厚,装饰也显得简单而稚拙,但其凤首部分也似青釉凤首龙柄壶,由口和盖两个部分共同构成,凤嘴的上喙为盖的前部,凤嘴的下喙为口的流部。河北省文物保护中心有一件晚唐定窑白釉凤首壶(图27),造型较为挺拔,也如青釉凤首龙柄壶一样,以龙为柄,其凤首部分也由盖和口两部分共同构成,只是素面无纹,通体施白釉,光泽亮丽。在唐代海上丝绸之路航道上的沉船"黑石号"(Batu Hitam)上亦出有一件高达1米有余的绿釉凤首壶①(图28),为晚唐时期器物。该绿釉凤首壶,通体施白釉绿彩,长颈,溜肩,鼓腹,喇叭形细高圈足,谢明良推测这件凤首壶和船上其他白釉绿彩器可能也来自河北地区的窑场②。尽管这件器物造型的高挑、挺拔在唐代器物中并不多见,且其出土地也确认其为外销瓷品种,但其凤首部分也如故宫博物院藏青釉凤首龙柄壶一样,由盖和口两部分组成。

唐代的另一些凤首壶,其凤首部分也如故宫博物院藏青釉凤首龙柄壶一样华丽而显著,但它们的凤首已经成为壶颈部纯粹的装饰物,凤嘴已经没有流和壶颈腹相通。一般凤嘴紧闭或口中含

---

① 谢明良:《记黑石号(Batu Hitam)沉船中的中国陶瓷器》,台湾大学艺术史研究所编辑委员会:《美术史研究集刊》第13期,台北:台湾大学艺术史研究所,2002年,第13页。
② 谢明良:《记黑石号(Batu Hitam)沉船中的中国陶瓷器》,台湾大学艺术史研究所编辑委员会:《美术史研究集刊》第13期,台北:台湾大学艺术史研究所,2002年,第18—19页。

第二章 隋唐陶瓷与外来金银器

图 25（左上）：**青釉凤首龙柄壶**，唐，高 41.3 厘米、口径 19.3 厘米、足径 10.2 厘米，河南省汲县出土，故宫博物院藏

图 26（右上）：**白釉凤首壶**，唐，高 28.1 厘米，日本东京国立博物馆藏

图 27（下）：**白釉凤首壶**，唐，高 38.65 厘米，河北省曲阳县涧磁村唐墓出土，河北省文物保护中心藏

图 28（左）：**绿釉凤首壶**，唐，高 104 厘米，印度尼西亚"黑石号"出，新加坡亚洲文明博物馆藏

图 29（中）：**三彩凤首壶**，唐，高 31.5 厘米，陕西历史博物馆藏

图 30（右）：**三彩凤首壶**，唐，高 31 厘米，甘肃省博物馆藏

第二章　隋唐陶瓷与外来金银器

宝珠，壶口为圆口或花口，装饰纹样主要在壶的左右两面。例如陕西历史博物馆藏的一件三彩凤首壶（图29），凤怒目圆睁，凤嘴含一颗宝珠，花形壶口，壶腹饰有模印团花，喇叭形圈足，上面饰有莲瓣纹和细密的平行线纹。从器形上看有粟特式胡瓶特征，但总体而言却是华夏风范。河南省洛阳市塔湾村出土的一件凤首壶则是凤嘴紧闭，壶腹饰有盛唐时流行的狩猎纹，喇叭形矮圈足。西安博物院藏的一件凤首壶，凤嘴含珠，圆形壶口，壶腹饰有凤鸟纹。河南省洛阳市邙山葛家岭出土的三彩兽首壶，兽嘴微张，壶腹满施绿釉，素面无纹，矮圈足，圆形口。而甘肃省博物馆藏的一件三彩凤首壶（图30），凤口含珠，壶腹正中饰三色团花，周围饰有花叶纹，圈足较高，上面饰有莲瓣纹。值得注意的是该壶腹部地面像一些金银器一样满布鱼卵纹。《中国文物精华大辞典·陶瓷卷》上说其"器型纹饰显受希腊艺术影响"，综观其造型，似乎有萨珊、粟特胡瓶的某些影响，但应该还是经华夏之风改造过的。

并非所有的凤首壶都有显著而华丽的凤首，一些凤首壶对凤

图 31（左）：三彩贴塑凤首壶，唐，高 43 厘米，日本白鹤美术馆藏

图 32（中）：三彩凤首壶，唐，高 37 厘米，日本东京国立博物馆藏

图 33（右）：巩县窑黑釉凤首壶，唐，高 39 厘米、口径 4.5 厘米，私人藏

首造型进行了简化。日本兵库县白鹤美术馆（Hakutsuru Fine Art Museum）藏有一件盛唐时期的三彩贴塑凤首壶﹝图31﹞，高圈足造型，通过几组弦纹将壶身分为多个装饰带。花蒂形柄连接口腹，有萨珊式胡瓶特征，但通身装饰纹样皆为华夏风，如宝相花、莲瓣等。年代比青釉凤首龙柄壶略晚，为盛唐之物。不过，这件凤首壶无盖，将整个凤头做成壶口，并且凤头部分有球形化的趋向，凤嘴为流。除器形上还有萨珊遗风外，基本可以看作是华夏风之器物。

日本东京国立博物馆（Tokyo National Museum）藏有一件三彩凤首壶﹝图32﹞，造型与白鹤美术馆那件相似。壶身装饰以宝相花、花叶等纹饰，喇叭形矮圈足，不过，其凤头部分已经完全

第二章　隋唐陶瓷与外来金银器

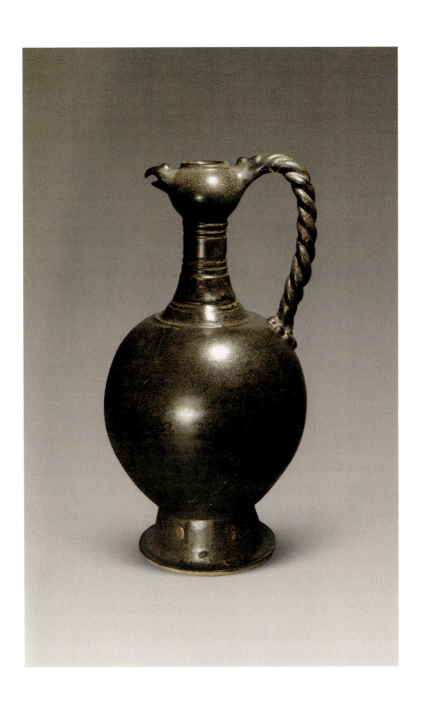

简化为一个球形,凤嘴为流,凤眼等细节则完全舍弃。河南巩县窑出产的一件黑釉凤首壶(图33)也呈现出这种简化风格,其凤头完全演变为一个球形,凤眼、凤冠等已完全消失,仅保留凤嘴为流。这件器物周身装饰也十分素雅,颈部以弦纹为饰,柄以绳纹为饰,器腹则无饰,体现出黑釉沉静、素雅的光泽之美。

凤首壶造型的简化,不仅体现为将凤头简化为球形这一种形态,还表现为将凤头简化为特殊的瓣口。这种特殊的凤首壶又称"瓣口壶",主要是源于粟特式胡瓶。山西博物院藏有一件1956年太原市石庄头村出土的白釉人头柄壶(图34),壶口呈荷叶形,前置短流,细颈,溜肩,丰腹,喇叭形矮圈足。流下饰一贴花长茎叶至壶腹中央,流的另一侧为人形曲柄。柄的造型独特,上置一人头,面视流口,人身作柄,上与口沿相连,下与壶腹上部相连,作拱手弯曲状。加拿大皇家安大略博物馆(Royal Ontario Museum)藏白釉凤首壶(图35)与此造型相似,也有荷叶状的瓣口,柄部也有人头形装饰。以上两件器物造型与内蒙古自治区敖汉旗李家营子出土的粟特银胡瓶(图36)极其相似,可以说就是一件粟特式陶瓷胡瓶。

和金银器一样,陶瓷器中凤首壶经过一个中国化的过程,这一过程从人头柄粟特式花口壶的演化中可以看个大概。在这类胡瓶中,人头柄逐渐演变为有中国特色的龙柄。美国西雅图亚洲艺术博物馆(Seattle Asian Art Museum)藏白釉龙首饰把壶(图37),与白釉人头柄壶颇为相似。值得注意的是,西雅图亚洲艺术博物馆藏白釉龙首饰把壶,瓣口形长流下装饰的是一宝相花,曲柄上的人头饰变成了龙首。如果说白釉人头柄壶还是典型的粟特式胡瓶的话,那么这件白釉龙首饰把壶则体现了华夏风之融入。另外,河南巩县窑的一件黑釉扁口龙柄壶(图38),其口部也显示出瓣口

第二章　隋唐陶瓷与外来金银器

图 34（左上）：**白釉人头柄壶**，唐，高 31.2 厘米、口径 9.8 厘米、底径 7.8 厘米，山西省太原市石庄头村出土，山西博物院藏

图 35（右上）：**白釉凤首壶**，唐，高 33 厘米，加拿大皇家安大略博物馆藏

图 36（左下）：**粟特银胡瓶**，唐，高 28 厘米、足径 11.3 厘米，内蒙古自治区敖汉旗李家营子 1 号墓出土，内蒙古博物院藏

图 37（右下）：**白釉龙首饰把壶**，唐，高 48.3 厘米，美国西雅图亚洲艺术博物馆藏

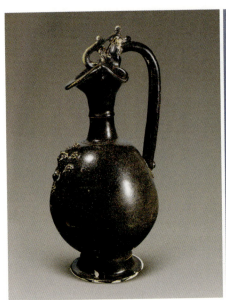 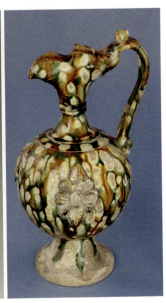

图 38（左）：**巩县窑黑釉扁口龙柄壶**，唐，高 40.3 厘米、底径 12.6 厘米、腹径 19 厘米，私人藏

图 39（右）：**三彩人头柄壶**，唐，高 29 厘米，大英博物馆藏

壶的特点，而流下器腹处也有贴塑宝相花装饰，曲柄上也呈现龙首装饰，这也是一件体现华夏风特点的器物。

大英博物馆藏有一件三彩人头柄壶（图39），壶身造型与河北省承德市宽城满族自治县出土的粟特银壶相类，细颈、圆腹、喇叭形足，壶腹饰有几组宝相花，人形曲柄上置一人头，其受粟特风影响可见一斑。不过，在壶腹上装饰宝相花，已经体现了华夏之风的影响。日本东京富士美术馆（Tokyo Fuji Art Museum）藏的三彩贴花龙柄壶（图40）则可以看作大英博物馆的三彩人头柄壶的进一步中国化。这件三彩贴花龙柄壶口为花瓣形，尖端作流，壶

第二章　隋唐陶瓷与外来金银器

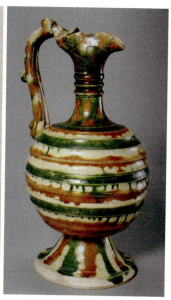

图 40（左）：**三彩贴花龙柄壶**，隋唐，高 32.5 厘米，日本东京富士美术馆藏

图 41（右）：**三彩瓣口壶**，唐，高 27.3 厘米，美国克利夫兰艺术博物馆藏

的肩部和下腹贴有像镶了金边的宝石一样的贴花，壶腹主纹为几朵巨大宝相花，龙柄之上亦有三颗像宝石一样的凸起。整体显得庄重华美，有金属重器的感觉，应该来源于对金银器的直接模仿。美国克利夫兰艺术博物馆（Cleveland Museum of Art）藏有一件三彩瓣口壶（图41），整体造型与富士美术馆那件三彩贴花龙柄壶相类，但壶口为多瓣形，壶身无贴花装饰，壶颈和壶腹上有多圈凸起弦纹装饰。壶柄上龙的造型刻画得更加细致，龙耳、龙角、鬣毛清晰可辨，龙口紧含花口的一瓣。壶的整体有金银器的感觉，应该直接来源于对相关金银器的模仿，也可看作是粟特器形与华

图 42：**黄釉凤首壶**，唐至宋，高 8.2 厘米、腹径 4.5 厘米、足径 2.8 厘米，河南省三门峡市庙底沟唐墓 M223 出土，河南省文物考古研究所藏

夏风的完美融合。

此外，在河南省三门峡市庙底沟唐墓 M222、M223 发掘出土的两件黄釉凤首壶（图42），"三角形口，一侧凤嘴作流，凤冠部分延长成鋬，鋬上有数周凹弦纹装饰。短颈，溜肩，垂腹，小平底假圈足。腹部有凸弦纹数周。除下腹部外，余均饰黄釉"[①]。三门峡地处唐代东都都畿道所辖之陕州，可以说是唐王朝统治的中心区域，属京畿重地。自安史之乱后两京地区就有排外情绪，胡风渐退，所以，这两件凤首壶应该也是盛唐时期的作品。另外，其装饰特点与日本奈良天理大学附属天理参考馆（Tenri University Sankokan Museum）所藏盛唐龙柄壶相类，即以弦纹为饰，亦可佐证其为盛唐作品。从风格上看，这两件作品有粟特式胡瓶特点，但流口较短，以凤冠饰为柄，亦可看作华夏风与粟特样式的融合。

---

① 河南省文物考古研究所：《三门峡庙底沟唐宋墓葬》，郑州：大象出版社，2006年，第176页。

第二章 隋唐陶瓷与外来金银器

安史之乱后，唐王朝失去了对河西和西域的控制，丝绸之路中断，西方文化对中国之影响日益减弱。加之安禄山、史思明"杂种胡"的身份以及后来回鹘人祸乱京城，当时社会各阶层对胡人日渐不满，对于外来物品的好感也逐渐降低。这就造成了胡瓶等物数量锐减，在两京地区基本消失。

不过，凤首壶并未因此而绝迹。在中原地区排胡风潮影响下，一些粟特胡人通过改变姓氏、郡望的方法极力抹掉自己的胡人特征，还有一些粟特人迁徙到安史旧将所建的河北三镇，在那里没有对胡人的排斥。有的粟特人，如史宪诚（？—829）、何进滔（？—840），在进入河北魏博节镇后得以发展，最后坐到了节度使的宝座上。在中原地区已经看不到祆教祭祀活动，在中唐的河北地区，却依然有新的祆祠被建立起来。[①] 而从洛阳经卫州（汲县）、相州（安阳）、魏州（大名北）、邢州（邢台）、定州（定县）、幽州（北京）到营州（朝阳）一线，是粟特商人的传统商路。自北朝起到隋唐，这条线路上的主要城镇几乎都留下了粟特人的足迹，有的甚至形成了聚落。[②] 同时，由于陆路交通的中断，海上丝绸之路更加繁盛。在沿海港口城市扬州、广州、泉州等地，胡商云集、贸易繁盛。往来东西的各国商旅除了粟特人之外，最主要的还有波斯和阿拉伯商人。

在山西北部、河北西北部一带晚唐至五代的墓葬中也有一定数量的凤首壶出土[③]，不同的是形制有所变化，多数不带柄。另

---

① 荣新江：《安史之乱后粟特胡人的动向》，《暨南史学》第2辑，广州：暨南大学出版社，2003年，第103—123页。
② 荣新江：《中古中国与外来文明》，北京：生活·读书·新知三联书店，2001年，第37—110页。
③ 易立：《唐代凤首壶杂识》，《文物春秋》2006年第5期。

外，这些凤首壶多带有可以和器身分离的底座。底座也分高、矮两种，似乎亦受萨珊、粟特两个系统的影响。此外，该地区墓葬中多为凤首壶和塔式罐并存，若将二者肩部以上部分剔除，则呈现出的造型几乎完全一致，因此，出现于北方唐墓中的这类带座凤首壶，有较大可能是胡瓶与当地塔式罐相结合后形成的产物。而该地区塔式罐本身存在粗矮与细高带节状两种器座造型，这或许能解释凤首壶上为什么出现看似属于粟特及萨珊的风格。[①] 不过，这一地区长期以来都为粟特人的聚居地，所以粟特风格的影响不应忽视。

  唐代后期，执壶的形体不再挺拔，而是趋向丰满或秀丽，流口也不再出现在壶的顶端，而是增加了管状流，接在壶身的肩部，形成了中国特色的新器物——注子。注子的出现当在中唐，后逐渐流行，主要用来饮酒和饮茶[②]。这一特殊造型之器物首先出现在唐代的金银器中，尔后为陶瓷器所模仿。例如，咸阳博物院藏的陕西省咸阳市西北医疗器械厂出土的唐錾花金执壶[③]、陕西历史博物馆藏陕西省西安市西郊鱼化寨南二庄出土的"宣徽酒坊"银注壶[④]等金银注壶，以及长沙窑所产的注子[⑤]等陶瓷注壶。这类注壶多器形丰满，圈足低矮或无圈足或作假圈足状。

  不过，"太和九年后，中贵人恶其名同郑注，乃去柄安系，若茗瓶而小异，目之曰偏提。论者亦利其便，且言柄有碍而屡倾

---

① 易立：《唐代凤首壶杂识》，《文物春秋》2006年第5期。
② 孙机：《唐宋时代的茶具与酒具》，《中国历史博物馆馆刊》1982年第1期。
③ 李毓芳：《咸阳市出土一件唐代金壶》，《考古与文物》1982年第1期。
④ 朱捷元等：《西安西郊出土唐"宣徽酒坊"银酒注》，《考古与文物》1982年第1期。
⑤ 李辉柄：《长沙窑·综述卷》，长沙：湖南美术出版社，2004年，第108—109页。

厌,今见行用。"① 唐文宗大(太)和九年(835),"甘露之变"爆发,郑注等人谋诛奸宦未遂,此后因众宦官恶"注"之音,就将注子去柄装系,于是就有了偏提。因为偏提无柄,占用的空间减少且不易被碰倒,所以流行一时。一些不带柄的注壶也因此产生,例如浙江省杭州市临安区晚唐钱宽(835—895)水邱氏夫妇墓出土的素面银注壶②、陕西省宝鸡市法门寺地宫出土的作为法器的银阏伽瓶③,器形丰满,壶肩部有细长管状流。

在瓷器中则出现了一种特殊的凤首壶,例如大英博物馆所藏的一件目前年代尚有争议,但可确定不早于晚唐的白釉划花凤首壶(图43)。它有着花瓣形口,凤首位于细长颈部上端,刻画相当精细,从侧面看上去花瓣口像凤冠一样立于凤首之上,凤口张开似作鸣叫状,但凤口应非倾倒液体时的流,因为壶肩部原应有细长的管状流,只是现已残缺。凤首下部壶颈上饰有五圈凸弦纹,壶身上则饰有卷草纹、莲瓣纹等纹饰,与前面介绍的众多凤首壶明显不同。这件凤首壶可以说已经完全摆脱了外来因素的影响,整体都体现了华夏风范。类似的凤首壶在以后的宋代依然颇为流行。瑞士玫茵堂(Meiyintang Collection)藏有一件宋代景德镇青白瓷凤首壶(图44),基本造型与上面那件白釉划花凤首壶相类,不过没有管状流。可以说,凤首壶在晚唐已经摆脱了萨珊、粟特等外来风格,完全成为华夏风的器物。由此也可以看出外来典型器物在中国的演变过程:中国制品首先对其造型和装饰进行了模仿,接着将外来风加以吸收,与华夏之风日渐融合,最后则加以

---

① (唐)李匡乂:《资暇集》,明《顾氏文房小说》本,卷下。
② 明堂山考古队:《临安县唐水邱氏墓发掘简报》,《浙江省文物考古研究所学刊》,北京:文物出版社,1981年,第94—104页。
③ 韩伟等:《扶风法门寺塔唐代地宫发掘简报》,《文物》1988年第10期。

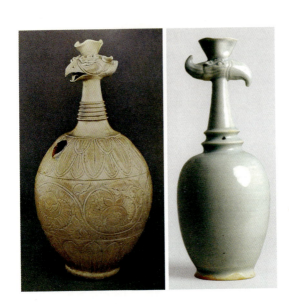

图 43（左）：**白釉划花凤首壶**，唐至宋，高 34.29 厘米，大英博物馆藏
图 44（右）：**青白瓷凤首壶**，宋，高 29 厘米，瑞士玫茵堂藏

创造，使之完全成为华夏风格的器物。

（二）高足杯

高足杯起源于南朝晚期，流行于隋唐。高足杯的器形与中国传统陶器器形豆相似，它们共同的特征是高足。但是高足杯和豆从本质上说，并非同一类器物。豆的高足主要起到放置的作用，因为早期中国人的起居习惯是席地而坐，豆的高足起到加高盛器的作用，便于人们取放食物。而高足杯的高足则起到执柄的作用，其存在的目的是便于人们抓握。因此，从一定程度上说，高足杯这一器形并非来自对传统器物豆的改良。

南北朝时期的一些墓葬中出土有金、银、铜质地的高足杯

第二章　隋唐陶瓷与外来金银器

数件。夏鼐先生曾做过相关调查，他认为大同北魏平城遗址出土的几件鎏金铜高足杯是西亚或中亚输入的产品。① 隋唐时期金属质地的高足杯出土更多。夏鼐先生就曾断言李静训墓出土的金、银高足杯是萨珊帝国时期输入的，而何家村出土的银高足杯，其样式是萨珊式的。② 前文提及，齐东方先生将唐代高足杯定为罗马—拜占庭系统，但又指出萨珊波斯、粟特因素在其中的重要影响。③ 日本学者桑山正进认为，高足杯应是4、5世纪罗马流行的器物，后来传入中亚，中国的这种高足杯，其祖型可能源自吐火罗地区。④

在金银器率先受到传入器形影响之后，瓷器器形自然而然地也在发生改变。江西省博物馆和江西南昌县博物馆各藏有一件南朝青釉托杯，其中江西省博物馆藏的托杯⑤ 为1961年在江西省南昌市郊出土。全器由两件组成，上为高足杯，下为高足豆。高足杯座固定在豆盘中心。高足杯为平口弧腹，圆柱形喇叭足，整体造型秀丽。南昌县博物馆藏的分体高足盘托杯（图45）为1986年江西省南昌市南昌县小兰乡出土，上为杯，下为高足盘。杯为侈口，内曲壁，深腹，平底。最特殊的是杯底有一实心插柱，插入托盘中间的喇叭形空心支柱，总体造型看上去像是高足杯和高足盘两个部分。这两件南朝托杯的共同特征是上部看上去是高足杯，实则和下部为统一整体。真正意义上魏晋南北朝时期的高足杯，据

---

① 夏鼐：《近年中国出土的萨珊朝文物》，《考古》1978年第2期。
② 夏鼐：《近年中国出土的萨珊朝文物》，《考古》1978年第2期。
③ 齐东方：《唐代金银器研究》，北京：中国社会科学出版社，1999年，第410页。
④ 转引自齐东方：《唐代金银器研究》，北京：中国社会科学出版社，1999年，第408页。
⑤ 国家文物局：《中国文物精华大辞典·陶瓷卷》，上海：上海辞书出版社，1995年，图239。

图 45（左上）：**分体高足盘托杯**，南朝，通高 12.5 厘米、杯口径 7.5 厘米、盘口径 14.0 厘米、底径 8.0 厘米，江西省南昌市南昌县小兰乡出土，南昌县博物馆藏

图 46（下）：**白釉高足杯**，隋，高 7.2 厘米，山西省太原市斛律徹墓出土，山西博物院藏

图 47（右上）：**白瓷高足杯**，隋，高 9.1 厘米，英国牛津阿什莫林博物馆藏

第二章 隋唐陶瓷与外来金银器

齐东方统计,有湖南省长沙市出土的晋代青瓷高足杯、河北省邢台市临城县李氏墓出土的北齐高足杯[①]、河南省安阳市洪河屯村范粹墓出土的陶瓷高足杯[②]。

隋唐时期的陶瓷高足杯多见白釉,其次为青釉,也有其他色釉。1980年山西省太原市西郊沙沟村隋开皇十七年(597)斛律徹(563—595)墓出土一件白釉高足杯(图46)[③],现藏山西博物院。该杯侈口,斜壁深腹,下腹曲收,喇叭形小高圈足。圈足上没有"算盘珠"式节,不过在足腹相接处旋削出一小浅圆台,当是模仿银高足杯足腹之间的托盘。英国牛津阿什莫林博物馆(Ashmolean Museum)藏的一件隋代白瓷高足杯(图47),其器形与陕西历史博物馆藏隋代白瓷高足杯相似。而河北省邢台市粮库遗址出土的一件白瓷高足杯(图48),杯体平扁,器形更接近豆,它可能是高足杯这一器形本土化的体现。此外,还有一种类型的高足杯,其器足更粗壮,而器口往往向内微微收敛,如河南省三门峡市庙底沟唐墓、安徽省合肥市西郊南唐墓出土的两件(图49、50),均为此类。隋唐时期,白瓷主要流行于北方以今河北省、河南省为中心的广大地域,而南方尤其是长江中下游地区主要流行青瓷。青瓷中也常见高足杯器形,只是器形本土化特点更加明显,如浙江省杭州市临安区吴越康陵出土的一件五代时期的青瓷高足杯(图51),具有器足更加低矮、器身比例更柔和的特点。

---

① 齐东方:《唐代金银器研究》,北京:中国社会科学出版社,1999年,第412页。
② 河南省博物馆:《河南安阳北齐范粹墓发掘简报》,《文物》1972年第1期。
③ 山西省考古研究所:《太原隋斛律徹墓清理简报》,《文物》1992年第10期;石金鸣:《中国出土陶瓷全集·5·山西》,北京:科学出版社,2008年,图32。

图 48（左上）：**白瓷高足杯**，唐，高 4.8 厘米、直径 9.4 厘米、足径 5 厘米，河北省邢台市粮库遗址出土，邢台市文物管理处藏

图 49（右上）：**白瓷杯**，唐，底径 5.5 厘米、高 8.8 厘米、口径 9.3 厘米，河南省三门峡市庙底沟唐墓出土，河南省文物考古研究所藏

图 50（左下）：**白釉高足杯**，五代，高 5.8 厘米、口径 8.1 厘米、足径 4.3 厘米，安徽省合肥市西郊南唐墓出土，安徽博物院藏

图 51（右下）：**青瓷高足杯**，五代，高 4.7 厘米、口径 7.8 厘米、足径 4.9 厘米，浙江省杭州市临安康陵出土，浙江省博物馆藏

（三）多曲长杯

在唐代以前的中国传统器形中，除了汉晋时期的耳杯外，并不见如多曲长杯这样扁长形的器物。多曲长杯从唐代开始在中国流行，目前尚未发现更早期的此类器物出土。器形上，多曲长杯固然与耳杯有一定的渊源，但是多曲长杯因分曲而在器物上产生外部凹陷内部凸起的条棱。这种特点明显来自金属器，而非来自陶瓷器或漆器。因此，陶瓷多曲长杯受到外来的金属器的影响是显而易见的。齐东方先生曾有考证，多曲长杯的祖型在伊朗，是伊朗人在萨珊时期创造定型的器物，以后逐渐外传，经过中亚传入中国。先为中国的金银器所模仿，后成为中国的瓷器器形。[1]

张东指出："由于陶瓷原料的特性，其瓷土原料的弯曲性和延展性不如金属，难以出现金银器那种分瓣线内凹，使得器内很难出现明显凸棱。在制作时，其分瓣部位弧度平缓，器身变得较深，也更加符合中国传统器物追求内部光滑平整的传统。这类器物的底足普遍较高，挖足较深，且多外撇，圈足的外形仍是金银器的那种椭圆形。从形制上讲更符合唐代仿制金银曲杯的特征，而非模仿萨珊原形。"[2] 孙机先生曾对多曲长杯的定名进行过考察。他根据出土文物和历史上的诸多文献，推测多曲长杯即为叵罗。[3]

隋唐时期的瓷质多曲长杯，多见白瓷与青瓷。宁波天一阁博物馆藏有一件青釉划花多曲长杯〔图52〕，杯口呈海棠形，斜曲腹，

---

[1] 齐东方、张静：《萨珊式金银多曲长杯在中国的流传与演变》，《考古》1998年第6期。
[2] 张东：《唐代金银器对陶瓷造型影响问题的再思考》，上海博物馆：《上海博物馆集刊》第8期，上海：上海书画出版社，2000年，第142页。
[3] 孙机：《唐李寿石椁线刻〈侍女图〉、〈乐舞图〉散记》（上），《文物》1996年第5期，第45页。

图 52（左上）：**青釉划花多曲长杯**，唐，高 8.4 厘米，浙江省宁波市义和路遗址出土，宁波天一阁博物馆藏

图 53（右上）：**白釉多曲海棠式杯**，唐，高 6 厘米，浙江省杭州市临安区钱宽墓出土，临安博物馆藏

图 54（下）：**白釉多曲海棠式杯**，唐，高 6.3 厘米，浙江省杭州市临安区唐水邱氏墓出土，临安博物馆藏

圈足，内壁划写意荷叶四朵。与该器一起出土的有一件其上有"大中二年"铭文的残碗，由此可以推断该器年代应为唐大中二年（848）前后，即晚唐时越窑的制品。另外，在浙江省杭州市临安区唐末光化三年（900）钱宽、水邱氏夫妇墓出土的两件白釉多曲海棠式杯（图 53、54），造型与齐东方定义的 B 型 II 式金银长杯相类，器底刻有"官"字款，是晚唐定窑白瓷中的精品。值得注意的是钱宽、水邱氏墓出土的这两件白釉海棠式杯均为高足，这是结合多曲长杯和高足杯所形成的新器形，可以说是本土化的一种新发展。

（四）把杯

粟特金银带把杯主要出现在 7 世纪至 9 世纪初，目前所见唐

第二章　隋唐陶瓷与外来金银器

图 55（左）：**三彩把杯**，唐，高 6.4 厘米，河南省巩义市二电厂 13 号唐墓出土，郑州市博物馆藏

图 56（右）：**绞胎带把杯**，唐，直径 9.3 厘米、高 5 厘米，瑞士玫茵堂藏

代金银把杯时代都在 7 世纪中叶至 8 世纪中叶，即盛唐时期。器物之间虽在形体、杯把、纹样上有差异，却无明显演变关系[①]。根据仿造器物晚于原物出现的规律，陶瓷把杯应该也主要在盛唐之际流行。

目前所见的陶瓷把杯杯体主要有罐形、筒形、碗形等，八棱形把杯仅见于金属器，而不见有陶瓷器仿制品。可能是因为陶瓷原料性质不容易出棱，因而无法模仿八棱形的缘故。目前所见陶瓷器把杯的杯把主要是环形，也有 "6" 字形把。金银把杯上多无装饰复杂的指垫和指鋬，应也是受到材料特性限制的缘故。郑州市博物馆藏有一件河南省巩义市二电厂 13 号唐墓出土的三彩把杯（图 55）。杯口微侈，杯把呈环形，圈足，造型简洁，通体施三彩釉，显现出与金属器把杯所不同的气质特点。瑞士玫茵堂藏的一件绞胎带把杯（图 56）亦十分别致。绞胎瓷是唐代瓷器中的一

---

① 齐东方：《唐代金银器研究》，北京：中国社会科学出版社，1999年，第351页。

个特殊品类，不同于其他瓷器在釉色上做文章，它在制作中将不同色的胎土混合，使得瓷胎本身显现出多色的特点。唐代的绞胎瓷器，以河南巩县窑、陕西黄堡窑、浙江慈溪上林湖越窑、山西浑源窑等最为知名，其中河南巩县窑创烧最早，品质最高。绞胎瓷不同于三彩陶瓷器多用作明器，因而出土较多。绞胎瓷器工艺复杂，成品率低，多为当时的贵族日用器，因此传世极少。

（五）角形杯

在陕西省西安市何家村窖藏中出土了一件极为特殊的国宝级珍品——镶金玛瑙兽首杯（图57）。它的形状类似于中国传统的角杯，下端雕刻成羚羊头状，羊角向后弯曲与杯口相连，羊口部有流，镶塞以金帽。关于这件器物的产地和年代一直有很大的争议：有人认为这件器物年代应该在公元前2世纪，埋入地下时已经是一件传世900年之久的古物了；孙机认为是唐人在8世纪前期模仿粟特式来通制作的[①]；齐东方则认为玛瑙兽首杯不应晚于7世纪[②]。此外，因为这件器物在外形上看起来和美国华盛顿赛克勒美术馆（Arthur M. Sackler Gallery）藏的一件银来通（图58）很相似，而赛克勒美术馆所藏银来通为公元4世纪萨珊波斯的制品，所以玛瑙兽首杯也被推测为萨珊波斯制品。

虽然学者们对于玛瑙兽首杯的看法相去甚远，但都认为其器形来源于西方的"来通"（Rhyton）。所谓"来通"，指的是锥形或角形的饮器，器物底端有孔，液体可以从孔中流出，何家村玛

---

① 孙机：《论西安何家村出土的玛瑙兽首杯》，《文物》1991年第6期。
② 齐东方：《何家村遗宝与丝绸之路》，陕西历史博物馆、北京大学考古文博学院、北京大学震旦古代文明研究中心：《花舞大唐春：何家村遗宝精粹》，北京：文物出版社，2003年，第40页。

第二章 隋唐陶瓷与外来金银器

图 57（上）：**镶金玛瑙兽首杯**，唐，高 6.5 厘米、长 15.6 厘米、口径 5.6 厘米，陕西西安南郊何家村出土，陕西历史博物馆藏

图 58（下）：**银来通**，4 世纪，长 25.4 厘米，伊朗出土，美国华盛顿赛克勒美术馆藏

玛瑙兽首杯可以说是一件很纯粹的来通。来通在西亚亚述、古波斯阿契美尼德王朝以及地中海沿岸包括古希腊地区就已出现，在萨珊波斯时期仍然流行，并传播到中亚粟特地区，主要用于礼仪和祭祀活动。大英博物馆藏有一件公元前5世纪左右的波斯阿契美尼德王朝时期的银兽首来通，在土库曼斯坦尼萨古城出土了40余件公元前2世纪帕提亚王朝时期的象牙来通，巴尔干半岛色雷斯地区亦出土有多件金银来通，来通之流行由此可见一斑。这些来通造型华美，底部一般有羊首、马首、牛首、狮首、鹿首以及格里芬等其他怪兽。有的还在腹部雕饰有神话人物，边缘或兽首上镶嵌有宝石、黄金等物。

中国目前发现的纯粹的来通恐怕只有何家村玛瑙兽首杯一件了，不过，在北朝时期的一些石刻作品中亦可以看到来通的身影。在美国波士顿艺术博物馆（Museum of Fine Arts, Boston）藏的北齐石刻上有一幅葡萄架下饮酒图，描绘了一群胡人在葡萄架下饮酒，主要人物手持来通，看上去是用底部饮用[1]。这件来通从造型上看与赛克勒美术馆所藏银来通基本相同。在2003年发掘的北周史君墓石椁上的宴饮图中亦可看到来通的身影。在这幅宴饮图的正中有五个中心人物，有的手持高足杯，有的手持长杯，画面左边第一人手中高举一件来通，从其所持的样子来看应该也是从底部饮用。史君为北周凉州萨保，即凉州地区粟特首领，由此可知来通是经由粟特人传入中土的。

在相关的陶瓷作品中，我们也可以看到来通的影响。大英博

---

[1] 齐东方：《何家村遗宝与丝绸之路》，陕西历史博物馆、北京大学考古文博学院、北京大学震旦古代文明研究中心：《花舞大唐春：何家村遗宝精粹》，北京：文物出版社，2003年，第39页。

第二章　隋唐陶瓷与外来金银器

图 59（上）：**白瓷狮首杯**，北齐至隋，高 8.5 厘米，大英博物馆藏

图 60（下）：**三彩龙首杯**，唐，高 7.8 厘米，河南省郑州市唐墓出土，河南博物院藏

物馆藏有一件北齐至隋时期的白瓷狮首杯（图59），椭圆形底，杯身有八道折棱，上面饰有胡人伎乐、人面纹、联珠纹。在杯体下端一侧有一高浮雕狮首，狮口怒张，两爪前伸。美国大都会艺术博物馆（Metropolitan Museum of Art）藏有一件北齐白瓷龙纹杯，杯体造型与大英博物馆的白瓷狮首杯相似。杯身上部有几道折棱，饰以联珠纹、团花纹。在杯底有一浮雕龙从花瓣状水波纹中探出半身，两爪弯曲，贴于杯身另一侧。同时期的南方亦有此类作品。从这几件早期陶瓷作品中可以看出，它们的整体造型可能模仿了西方的来通。它们虽然与西方的各种来通有一定差距，例如底部均没有流孔，但都保持着底部为独立兽首的特殊形态，应该是西方之来通与中国传统角杯的结合。

到了唐代，这类器物更加多，尤其是三彩器。关于这类三彩杯，李知宴先生在《中国釉陶艺术》一书中就已做过相关描述[①]。河南博物院藏有一件河南省郑州市唐墓出土的三彩龙首杯（图60），该杯角处为龙首，龙首回顾，口中喷泉。角杯周身有翻卷的水纹贴塑，三彩釉色显得十分华丽。与之相似的还有一件现藏于郑州市博物馆的河南省巩义市二电厂89号唐墓出土的三彩鸭衔梅花杯（图61）。该杯是古代陶瓷匠师发挥想象力，使来通器形本土化的中国作品。该角杯以一野鸭回首口衔梅花为形，野鸭身上的羽毛以贴塑形式塑造，栩栩如生。此外，陕西省西安市南郊唐墓出土了一件三彩象首杯（图62），现藏于陕西历史博物馆。杯为角形，杯底为高浮雕象首，象目圆睁，扇形大耳，象鼻向上卷起接于杯身，形成杯柄，杯口下方饰有浮雕卷草纹。河南省洛阳市苗湾出土的一件三彩龙首杯（图63），造型与之十分相似。

---

① 李知宴：《中国釉陶艺术》，香港：两木出版社，1989年，第155页。

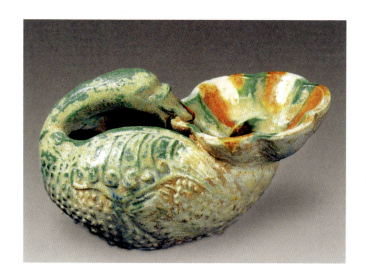

图 61（上）：**三彩鸭衔梅花杯**，高 7.2 厘米，河南省巩义市二电厂 89 号唐墓出土，郑州市博物馆藏

图 62（下）：**三彩象首杯**，唐，高 6.9 厘米，陕西省西安市南郊唐墓出土，陕西历史博物馆藏

图63：三彩龙首杯，唐，高6厘米，河南省洛阳市苗湾出土，洛阳博物馆藏

齐东方曾就湖北省十堰市郧县唐李徽（643—683）墓出土的三彩杯、洛阳苗湾出土的龙首杯以及西安出土的象首杯进行研究，认为"这三件三彩器底部都没有泄水孔，由于兽首与把结合，独立的兽首不复存在，说明由于生活习俗不同和对西方文化的生疏，这类仿制品已经失去了原本的实用性，只是一种观赏品或明器"。[1] 他的说法有一定道理，不过，从目前实物资料来看，西方的来通传入中国之后似乎就被中国工匠加以吸收改造，将其与中国传统的角杯相结合，因此才会在南北朝到唐代出现不带流孔的兽首杯。这应该和中国人饮用的习惯相关。而鸭形角杯的演变似乎又显示了西方的来通与中国传统的动物造型器皿的融合，而将兽首与把结合应该是受到粟特式把杯的影响。

---

[1] 齐东方：《何家村遗宝与丝绸之路》，陕西历史博物馆、北京大学考古文博学院、北京大学震旦古代文明研究中心：《花舞大唐春：何家村遗宝精粹》，北京：文物出版社，2003年，第39—40页。

第二章　隋唐陶瓷与外来金银器

（六）扁壶

扁壶主要用于装水或装酒，因其器腹扁圆而得名。陶制扁壶出现得很早，新石器时期就已出现，至秦汉仍有制作，还有以青铜制造者。瓷质扁壶在三国时期就已出现。但本书要讨论的扁壶与上述的不同，是明显受外来文化因素影响的扁壶。

本书讨论的扁壶主要有三类：双系扁壶、双鱼壶及皮囊壶。

1. 双系扁壶

南北朝时，在我国北方北朝统治区域内出现了一种特殊的扁壶，它与中国传统的"柙"似乎没有多大渊源。它为圆口或椭圆口，器体扁平，器腹上用模印方式装饰以各种图案。一般肩部附有两个对称的系，有厚实的假圈足。此类扁壶一直流行至唐末，它们从造型特征和装饰纹样上看都具有鲜明的外来文化因素。

目前所知的北朝时期最著名的双系扁壶要数河南省安阳市北齐武平六年（575）下葬的范粹墓出土的黄釉胡人扁壶（图64）。此壶形体扁圆，上窄下宽，口微侈，短颈，颈肩相连处饰有一周联珠纹，肩上两侧各有一小孔，留作穿带用。壶腹两侧模印相同的"胡腾舞"图案，画面上共有五人，中间一人在莲座上起舞，两侧共四人，一人吹笛，一人击掌，一人弹琵琶，一人拍钹。据考，胡腾舞起源于今乌兹别克斯坦首都塔什干附近的石国，该国是粟特人建立的。胡腾舞的表演者也多为高鼻深目的中亚男子，所以该壶显然受到外来文化的影响，是研究中西文化交流和乐舞发展史的宝贵实物资料。

1985年，河北省邢台市内丘县出土了一件黄釉印花双系扁壶（图65），圆口，束颈，肩部有两个对称拱形系，扁圆腹，实心圈足外撇。该壶腹部饰有模印图案，在葡萄、灵芝、卷草纹

图 64（左）：**黄釉胡人扁壶**，北齐，高 20.3 厘米，河南安阳北齐范粹墓出土，河南博物院藏

图 65（右）：**黄釉印花双系扁壶**，隋到初唐，高 21 厘米，河北省邢台市内丘县城出土，河北博物院藏

的环绕下，中间有两个人物，一个奏乐，一个起舞，外部还以联珠纹装饰边缘。美国芝加哥艺术博物馆（Art Institute of Chicago）藏有一件相似的黄釉扁壶，造型和装饰图案与河北内丘这件基本相同，只不过在中间乐舞人物下面还饰有两只相对的狮子。山西博物院藏有一件黄釉胡人双狮纹扁壶（图66），被认为是唐代之物。这件扁壶椭圆形口，口沿下有两周联珠纹，中间饰有卷草纹。壶细长颈，削肩，无系，梨形腹。壶颈饰覆莲纹，壶腹两面模印相同图案。图案中间为一胡人，着对开长衣，手握长鞭。胡人两侧各蹲一狮子，狮子后面各有一人作舞球状。壶的两侧面各饰一象首，象鼻一直到壶底。高圈足上饰有一周联珠纹和莲瓣纹。

双系扁壶除了胡人乐舞图案外，也常见鸟纹。香港徐氏艺术馆藏有一件绿釉鸟蛇纹扁壶（图67）。这件扁壶肩部有两个对称

图 66（上）：**黄釉胡人双狮纹扁壶**，唐，高 28 厘米、宽 16.5 厘米、口径 5.5 厘米，山西省太原市玉门沟出土，山西博物院藏

图 67（下）：**绿釉鸟蛇纹扁壶**，北齐到隋，高 68 厘米，香港徐氏艺术馆藏

 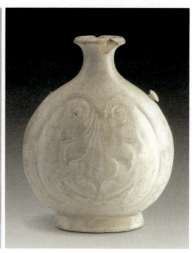

图 68（左）：**褐釉印花凤纹扁壶**，北齐到隋，高 22.1 厘米，日本黑川古文化研究所藏

图 69（右）：**白釉扁壶**，高 26 厘米、口径 5.2—6.8 厘米、底径 6.2—12.8 厘米，陕西省西安市西郊热电厂唐墓出土，陕西历史博物馆藏

的系孔，壶腹上装饰凤鸟纹，凤鸟口中叼着一条三头巨蛇，假圈足上饰有卷草纹。日本黑川古文化研究所（Kurokawa Institute of Ancient Cultures）藏的一件褐釉印花凤纹扁壶（图68），肩部有拱形双系，器腹联珠纹内模印装饰一只起舞的凤鸟，凤鸟周围饰有变形葡萄纹，高圈足外撇。

唐代的白瓷扁壶亦有发现，陕西省西安市西郊热电厂唐墓出土了一件白釉扁壶（图69）。器形与图 66 黄釉胡人双狮纹扁壶相类，圆唇，侈口，颈细长，扁腹略鼓，两肩对称安装一鸡心形小钮，其中一钮已残，壶腹模印倒宝相花纹，圈足外撇，为邢窑作品。日本座右宝刊行会编辑的《世界陶瓷全集》亦收录有两件唐代白瓷扁壶[1],其中一件装饰舞蹈纹,侈口,束颈,两肩各有一对称拱形系,高圈足,壶腹上饰有卷草纹,中间为一裸体舞蹈的人物,手持飘带,姿势优美。另外一件为日本箱根美术馆(Hakone Museum of Art)收藏的白瓷双龙纹扁壶,侈口,束颈,颈部饰有花纹,肩部贴近壶颈各有一对称拱形系,壶腹联珠纹内为双龙纹,双龙相对,气势威武,高圈足亦有卷草纹。这件扁壶可以看作中西文化融合的产物。

2. 双鱼壶

在唐代扁壶体系中还有一类特殊的造型,即双鱼壶。这类扁壶来源于北方游牧民族的金银制品。1964年河北省石家庄市井陉县出土了一件唐代邢窑白釉四系双鱼壶(图70),造型与喀喇沁旗银双鱼壶相类。此壶双鱼相对,鱼头为壶的口、颈、肩部,鱼身为壶身,鱼尾形成壶的圈足。壶身划刻鱼鳞、鱼鳍,两侧堆塑鱼背鳍,背鳍上下均有两个环形系,圈足上亦有孔,便于穿系提携。三彩器中亦有此类器物。1953年山东省青州市益都县出土的一件三彩双鱼壶(图71),通体做成鱼形。鱼嘴即为壶口,鱼背鳍形成侧面两道棱,棱的上面有左右对称的双系,喇叭形高圈足上面刻画鱼的尾鳍,鱼身上刻画左右对称的宝相花状的鱼鳞。还有一类双鱼壶,其器口较长,双肩略低,器物的口部较其他更为突出和被强调。例如陕西省西安市长安区南里王村唐墓出土的一件三彩双鱼壶(图72),雕塑感十分突出,器物的观赏性明显超过其实用性。相似的器物还有英国布雷尔收藏馆(Burrell Collection)藏褐釉双鱼扁壶(图73)。

---

[1] [日]座右宝刊行会:《世界陶瓷全集·9·隋唐篇》,河出书房,1956年,图34。

图 70（左上）：**白釉四系双鱼壶**，唐，高 21 厘米，河北省石家庄市井陉县出土，河北博物院藏

图 71（右上）：**三彩双鱼壶**，晚唐，高 23.6 厘米，山东省青州市益都县出土，山东博物馆藏

图 72（左下）：**三彩双鱼壶**，唐，高 15 厘米，陕西省西安市长安区南里王村唐墓出土，陕西历史博物馆藏

图 73（右下）：**褐釉双鱼扁壶**，唐，高 24.5 厘米，英国布雷尔收藏馆藏

3. 皮囊壶

皮囊壶，由其名可知原为皮革制品，为游牧民族用来盛酒装水的。在唐代出现了其他材质的仿制品，有金银器，也有陶瓷器。亦因其造型像马蹬，也被称为马蹬形壶。唐代的皮囊壶一般都带有提梁。

唐代知名度最高的皮囊壶当属陕西省西安市何家村窖藏出土的鎏金舞马衔杯银壶（图74）了。壶身为扁圆形，上方一端开有竖筒状小口，上面盖着一个捶揲成覆莲瓣的盖帽，顶上有一环状钮，环内套接一条银链与提梁相连。壶腹两侧各饰有一匹捶揲而成的舞马形象，舞马相互对应，奋首鼓尾，衔杯匍匐。

陶瓷制品的皮囊壶主要见于晚唐、五代以及辽代。陕西历史博物馆藏有一件白釉提梁皮囊壶（图75），竖直的管状口，矮身，壶上部有半环状提梁。壶身上部扁平，下部圆鼓，平底。两侧饰有仿皮囊缝合的起线装饰，上部饰有花叶纹鞍鞯。1996年，河北省衡水市出土了一件白釉凤首皮囊壶（图76），圆拱形提梁，短流，凤首盖，扁圆形垂腹，饼足。壶身有贴塑璎珞及仿皮囊缝合线装饰，壶壁前后、上部贴塑对称的鞍鞯图案，上面饰有花朵和戳印纹。江苏省南通市博物馆藏有一件越窑青釉皮囊壶（图77），直管状短流，与其对称的有一翘起羽状尾，尾下有一小孔。流与尾之间贴塑一半环状提梁，提梁两端饰有相对的兽首。壶身上扁下圆，圆圈足。壶的左右两侧和腹部侧面各饰有一条凸起仿皮囊缝合线，提梁下方中间和流的下边及尾部压印圆珠纹，象征皮囊的铆钉。这类陶瓷皮囊壶在辽代颇为流行，例如内蒙古自治区赤峰市辽会同四年（941）耶律羽（890—941）之墓就出土有大量陶瓷皮囊壶（图78）。

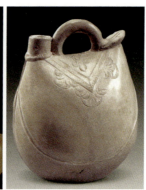

图 74（左上）：**鎏金舞马衔杯银壶**，唐，高 18.5 厘米，陕西省西安市何家村窖藏出土，陕西历史博物馆藏

图 75（右上）：**白釉提梁皮囊壶**，唐，高 16.2 厘米，陕西省西安市西郊白家口出土，陕西历史博物馆藏

图 76（下）：**白釉凤首皮囊壶**，唐，高 24 厘米、底径 10.3 厘米，河北省衡水市出土，衡水文物管理处藏

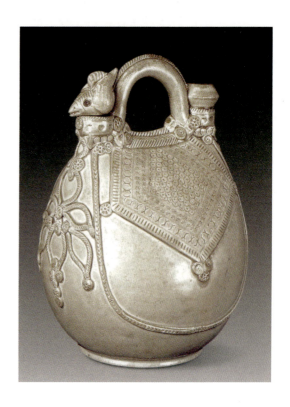

图 77（左）：**青釉皮囊壶**，晚唐至五代，高 20.5 厘米、底径 9 厘米，江苏省南通市人防工地出土，南通市博物馆藏

图 78（右）：**白釉皮囊壶**，辽，高 30.4 厘米、底径 11.7 厘米，内蒙古自治区赤峰市阿鲁科尔沁旗耶律羽之墓出土，内蒙古博物院藏

五、唐韵胡风长沙窑

在唐代众多陶瓷窑厂中，长沙窑绝对可以称得上是一朵奇葩。

首先，长沙窑开创了我国彩绘陶瓷的时代。虽然自三国时期开始我国南方就有一些零星的彩瓷出现，但一直没有大量生产的迹象，而且多为单色彩绘。长沙窑彩瓷不但产量巨大，同时绘画图案也更加丰富，色彩也更加多样。

其次，长沙窑还是中唐以后主要的外销瓷生产地。虽然唐代外销瓷器还有北方的邢窑、定窑以及南方的越窑，但这几个窑厂的瓷器外销数量有限，还是以内销为主，而长沙窑瓷器则主要面向国外市场。"根据国外考古资料证实，凡是出土越窑青瓷与定窑白瓷的国家和地区,几乎都伴有长沙窑瓷器出土"[1]。前面关于唐代丝绸之路的叙述中已经提及,自安史之乱后,陆上丝绸之路基本断绝,唐王朝对外贸易的重心转移到海上丝绸之路,沿海城市逐渐成为外来商旅聚集之地。在唐代中期以后最重要的商业都会扬州,主要贸易港口明州(今浙江宁波)以及江淮流域等地都出土了大量的长沙窑瓷器。同时在朝鲜半岛、日本、东南亚以及中东、北非等地也出土有大量的长沙窑产品,可见当时长沙窑产品流通范围之惊人。

关于长沙窑陶瓷器的外销,很早就引起了中外学者的关注,但以往中国学者多过分看重华夏文明之远播,而忽略了域外文明对于中国之影响。20世纪末,马文宽先生最早关注了域外文明对于长沙窑艺术风格的影响。他讨论了长沙窑陶瓷器的伊斯兰风格,并对相关器形及装饰进行了论述,认为伊斯兰商人"可能已经深入我国瓷器生产地区订货,甚至参与了瓷器生产或管理"[2]。由长沙窑编辑委员会编辑的《长沙窑》一书对相关作品及研究进行了比较全面的整理和叙述[3],具有宝贵的资料价值和学术价值。

之所以说长沙窑是外销型窑厂,不仅仅是因为其外销量大,最主要的是作为外销型窑厂它针对域外市场有意识地进行产品开发,不论是器形还是装饰题材都受到域外文化的深刻影响。马文宽推测的伊斯兰商人参与了长沙窑瓷器的生产或管理这种观点是可信的。

---

[1] 湖南省文物考古研究所、湖南省博物馆、长沙市文物工作队:《长沙窑》,北京:紫禁城出版社,1996年,第227页。
[2] 马文宽:《长沙窑瓷装饰艺术中的某些伊斯兰风格》,《文物》1993年第5期。
[3] 李辉柄:《长沙窑·综述卷》,长沙:湖南美术出版社,2004年;长沙窑编辑委员会:《长沙窑·作品卷》,长沙:湖南美术出版社,2004年。

第二章　隋唐陶瓷与外来金银器

长沙窑彩瓷的出现首先就是受到了域外因素的影响。生产彩瓷的技术在中国早就成熟，考古发现证实三国时期东吴就已经有彩瓷的生产，南北朝时期南方的点彩青瓷与北方的釉下彩瓷也时有出现，所以到了唐代生产彩瓷在技术上基本上是没有难度的。而制约彩瓷生产的关键因素是中国古代的审美观念对于色彩的追求一直是持贬抑的态度，因为色在深层上常常和女色联系在一起，所以儒道释三家思想对于色都有所贬抑。在瓷器的审美上，中国古人对于单色釉推崇备至，特别是以越窑为代表的青瓷，在釉色上"类冰""类玉"，和儒家的"君子比德于玉"以及道家追求的玄静清幽暗合。陆羽（733—804）在《茶经》中对越窑瓷器倍加推崇，唐代赏瓷、咏瓷的诗词皆为对青瓷、白瓷的赞赏，而对于产量如此之大的长沙窑彩瓷却毫无所及。由此可见，作为实用器皿，长沙窑彩瓷的出现和畅销，可以说是直接受到域外文化传统的影响。

长沙窑受到外来文明的影响是毋庸置疑的，细分开来，既有前面所述的萨珊波斯、粟特文化影响，又有新兴的阿拉伯伊斯兰文化影响，当然还有某些佛教因素的影响。佛教自传入中国后就开始了本土化的进程，在陶瓷艺术中的影响主要是在某些装饰题材上，例如摩羯纹、佛塔等纹样。本书以下将主要围绕萨珊波斯、粟特文化以及伊斯兰文化对长沙窑陶瓷器的影响展开讨论。

（一）萨珊、粟特文化对长沙窑的影响

外来金银器对于唐代陶瓷的影响在长沙窑中也有突出表现，长沙窑瓷器上的模印贴花、印花工艺就是从萨珊波斯金银器的捶揲和压印技术转化而来，并成为长沙窑瓷器最大的装饰特色。同时，一些金银器皿对于长沙窑瓷器的造型也产生了影响，例如多

曲长杯、高足杯、胡瓶等。

多曲长杯在长沙窑出土瓷器中也有发现，它们也被称为海棠杯。长沙博物馆藏的一件青釉莲花纹高足海棠杯（图79），是此类器物中的精品。其口呈四出海棠花形，杯内刻画有花心、花瓣等图案。如用其饮酒，俯视有如花在酒底绽放。该杯通体施青釉，釉色浑厚。双鱼壶在长沙窑遗址中也有出土，长沙博物馆藏有一件褐釉双鱼壶（图80），整个壶身为双鱼贴腹相对，壶口即鱼嘴，鱼鳍、鱼鳞、鱼眼刻画生动。上下两对腹鳍上贴穿带系，通体施酱釉，平底圆圈足。整体造型与内蒙古自治区赤峰市喀喇沁旗所出的鎏金银双鱼壶基本相同。

长沙窑在唐代瓷窑中最具特色的是其模印贴花工艺。长沙窑的工匠们，常常以这一工艺表现狮子纹、胡人乐舞纹、团花纹等具有外来风情的装饰纹样。狮子不但在古埃及、古希腊雕刻中习见，而且也是佛教中的护法神兽。长沙博物馆藏有一件长沙窑遗址出土的狮纹印模（图81）。陶范呈扁长方形，中腰微鼓，两端平直，背面平整。正面阴雕舞狮立于圆毡之上，类似于"狮神"，鬃毛飞扬，张牙舞爪，神态逼真。长沙私人藏的一件青釉模印贴花狮纹壶（图82），在两系和流下各贴饰一纹饰，纹饰正是一只蓄力咆哮的狮子。人物，尤其是胡人的形象，在长沙窑的贴花装饰中也十分常见。长沙博物馆藏的一件人物纹陶印模（图83），扁平椭圆形，灰胎，正面中间阳刻有一舞人。舞人面目和蔼可亲，戴着一顶具有胡风的帽子，身着紧身衣，披有长飘带，左手上扬竖起三根指头，似向人们招手或炫耀成功，右手似紧握长条形物体。舞人身体朝向左侧，两腿交叉，给人一种美妙的感觉。长沙博物馆还藏有一件青釉褐斑贴人物纹瓷瓶（图84），圆口，短颈，深腹，平底假圈足，肩腹部两侧各有一双轮系。前面有多棱柱短流，流口及

第二章　隋唐陶瓷与外来金银器

图 79（上）：**青釉莲花纹高足海棠杯**，唐，长 12.4 厘米、宽 5 厘米、高 5 厘米，长沙博物馆藏

图 80（下）：**褐釉双鱼壶**，唐，高 25 厘米、口径 6 厘米、底径 11 厘米，长沙博物馆藏

图 81（上）：**狮纹印模**，唐，长 9.8 厘米、宽 7.2 厘米、高 2.4 厘米，湖南省长沙市长沙窑蓝岸嘴出土，长沙博物馆藏

图 82（下）：**青釉模印贴花狮纹壶**，唐，高 16.2 厘米、口径 6.2 厘米、底径 11.2 厘米，私人藏

图 83（左）：**人物纹陶印模**，唐，长 10.5 厘米、宽 7 厘米、厚 2 厘米，长沙博物馆藏

图 84（右）：**青釉褐斑贴人物纹瓷瓶**，唐，高 19.6 厘米、腹径 19 厘米，长沙博物馆藏

双系下方分别饰二块模印贴花。壶嘴下方是一个持剑武士俑，双系下方均有一个舞蹈俑。持剑武士俑左手持剑举于头上，双腿弯曲，身穿紧身衣物。舞蹈俑高鼻深目，穿皮靴，戴花帽，双足呈外八字形踏于圆毯上，右手将环形手鼓举于头上，左手持环形鼓于腰间，呈"球转而行，萦回去来"的动态。这种踏于球上，呈"球转而行，萦回去来"的舞蹈，根据史料记载即名胡旋舞。

长沙窑陶瓷器中还有大量的点彩器。虽然我国自西晋、南北朝时期起就有一些点彩器出现，不过并未形成规模；而在西亚民族中，点彩却是常见的装饰手法。长沙窑的点彩作品又是以连续点彩组成图案，而连在一起的彩点与波斯的联珠纹有千丝万缕的联系。例如长沙博物馆藏的一件青釉褐绿彩云纹壶〔图 85〕，以褐、

图 85（左）：**青釉褐绿彩云纹壶**，唐，高 14 厘米、口径 8 厘米，长沙博物馆藏

图 86（右）：**青釉褐蓝彩云纹罐**，唐，高 29.8 厘米、口径 16.3 厘米、底径 19.5 厘米，江苏省扬州市石塔路遗址出土，扬州博物馆藏

绿点彩绘重叠的山峦、云气，与波斯联珠纹甚为相像。扬州博物馆藏的青釉褐蓝彩云纹罐（图86），器体较大，直口，卷沿，直颈，鼓腹，平底，肩部有对称扁环形双系，其上模印云纹与"王"字。通体施青釉，器身布满褐、绿两色点彩，组成两对莲花纹和两组卷云纹饰，釉彩艳丽，典型的以域外装饰手法绘华夏传统纹样，是中外文化交流的典范。

（二）伊斯兰因素在长沙窑瓷器中的体现

阿拉伯帝国崛起后也与唐王朝频繁接触，自萨珊波斯被灭后，阿拉伯帝国和唐王朝直接碰面。天宝十年，唐朝军队在怛逻

第二章　隋唐陶瓷与外来金银器

斯一战中惨败于大食，唐朝的势力自此退出中亚。虽然军事上唐朝败给了阿拉伯，但在文化上阿拉伯却心仪大唐。中唐以后，中国的对外交往转向了海上，阿拉伯商人频繁往来于东西之间并在扬州等贸易港口城市居住。长沙窑的生产更是有阿拉伯商人的直接参与①，所以长沙窑陶瓷器中出现伊斯兰风格的器形和装饰也就不足为奇了。马文宽已经指出了受到伊斯兰文化影响的相关器形，如长颈壶、溜肩长嘴壶、短颈双耳罐、夹耳深腹盖罐等②，本书就不一一加以赘述了。下面主要讨论长沙窑在图案装饰上的伊斯兰风格。

在采用模印贴花工艺制作的一些长沙窑瓷器中，有些纹样明显来自阿拉伯地区，带有浓郁的伊斯兰风韵，例如椰枣纹、葡萄纹以及由花、草、鸟等纹样组成的团花纹饰等。众多纹饰中，以椰枣纹最具特色，湖南省博物馆、长沙博物馆、扬州博物馆等均藏有以椰枣纹贴塑为装饰特色的长沙窑瓷器（图87、88）。这些瓷器很可能是外销伊斯兰地区的瓷器，采用椰枣纹饰是因为产品销售地对象的喜好。湖南省博物馆藏有一件青釉褐斑贴花"张"字纹壶（图89），喇叭口，直颈，鼓腹，平底，两系下分别饰有模印狮子纹和椰枣纹。流下饰有一椰枣纹，在椰枣纹正中有一"张"字。该"张"字当有商标的性质，说明是张姓窑厂出品。由此可窥见唐代中外交流的一斑。

长沙窑的瓷器还常见阿拉伯文字（图90、91），这是长沙窑瓷器受到阿拉伯文化影响的直接证据。直接在瓷器上以釉彩书写阿拉伯文作为装饰，最有名的一件是扬州博物馆所藏的阿拉伯文背

---

① 马文宽：《长沙窑瓷装饰艺术中的某些伊斯兰风格》，《文物》1993年第5期。
② 马文宽：《长沙窑瓷装饰艺术中的某些伊斯兰风格》，《文物》1993年第5期。

图 87（上）：**青釉贴花壶**，唐，高 19.8 厘米、口径 8.8 厘米、底径 11.3 厘米，湖南省长沙市长沙窑遗址出土，湖南省博物馆藏

图 88（下）：**双板耳罐**，唐，高 25 厘米，湖南省衡阳市司前街水井出土，湖南省博物馆藏

图 89（上）：**青釉褐斑贴花"张"字纹壶**，唐，高 22.5 厘米、口径 8 厘米、底径 14.5 厘米，湖南省望城县出土，湖南省博物馆藏

图 90（左下）：**青釉绿彩执壶**，唐，高 23.4 厘米、口径 8.7 厘米、底径 8.1 厘米，私人藏

图 91（右下）：**青釉阿拉伯文字双耳罐**，唐，高 14 厘米、口径 9.5 厘米、底径 9.3 厘米，私人藏

图 92：**阿拉伯文背水壶**，唐，高 17 厘米、口径 6 厘米，江苏省扬州市邗江区文昌西路出土，扬州博物馆藏

水壶（图92）。这是一件带系的背壶，小口，直颈，溜肩，扁平形腹，两侧内凹，平底，上下各有一对穿带系。通体施青绿釉，在壶腹一面以绿彩书写古阿拉伯文字"真主伟大"，另一面用绿彩绘云气纹。不论是造型还是装饰，无不突出了它的伊斯兰色彩。

作为目前所发现的中晚唐最重要的外销瓷窑，长沙窑的陶瓷器无疑带有浓厚的异域风情。

小　结

通过上述有关陶瓷器皿造型、装饰的对比描述，我们可以看到，隋唐时期的陶瓷器无论是在造型还是装饰上都受到外来文化因素的影响。在器形和装饰的变化中，我们亦可以看到，隋唐时期的陶瓷器及金银器等从未原封不动地模仿外来器物，而是在外来器物传入之后就将其与中国传统文化元素相融合。虽然整体上看经历了一个由模仿到融合，再到创造的过程，但在这个过程中，始终伴随着以华夏之风对外来文化元素加以融合、改造，直至形成新的、完全中国化的造型艺术。可以说，隋唐的陶瓷艺术从来没有停留在单纯地对外来器物的模仿上，而是经历了一个完整的融会、吸收并加以创造的过程。同样，今天中国造型艺术的发展不能停留在单纯地对西方艺术的模仿上，而是应该结合自身实际状况和本国传统文化因素加以融会创新，最终形成具有本民族特色的新的艺术样式。

第三章

穿行古今的两宋陶瓷

两宋时期儒学高度发展，复兴古代礼制的实际需要激发了宋人探究古代器物传统的兴趣和热情，从而金石学作为中国考古学的前身也在此时兴起。在这样的历史情境中，两宋陶瓷远而追思三代，近而观解当世；一方面从不同的角度对历代不同材质的传统器类的造型、纹饰、质地进行模仿与借鉴，另一方面又在这一过程中走向创造。本章拟从官、民两个系统的陶瓷造型和装饰入手，从官方礼仪需求、社会政治经济制度与法令、民间手工业的发展与陶瓷的关系等几个层面，考察两宋陶瓷造型艺术在传统和当世之间往返穿行的特征。

一、两宋陶瓷的仿古风

（一）宋瓷仿古举隅

　　存留至今的宋代陶瓷中，可见数量不少的仿古瓷器，它们形制多样，且件件堪称精品。这类瓷器的造型与上古三代祭祀礼器有着紧密联系，或仿自古青铜器，或仿自古玉器。从存世品看，宋代仿古瓷器以青瓷居多，因而基本可以判定：它们是用于日常生活的实用器，而非明器；存世品也应多由历代传承而来，而非出于茔冢。

图1（左）：**官窑青瓷尊**，宋，高25.9厘米、口径16.5厘米、足径13厘米，台北故宫博物院藏

图2（右上）：**官窑青瓷簋**，宋，高12.7厘米、足径15.8厘米，台北故宫博物院藏

图3（右下）：**汝窑天青釉弦纹樽**，宋，高12.9厘米、口径18厘米、底径17.8厘米，故宫博物院藏

    宋代仿古瓷器，官窑和民窑都烧造过，大多是敞口类器物。宋代文献中常常将仿古瓷器统称为"尊"①，但事实上宋代仿古瓷器的原型十分多样，有尊、鼎、簋、觚、卣、斝等，甚至还有仿古代玉琮烧造的琮式瓶。现藏于台北故宫博物院的宋代官窑瓷器中，就有这样的仿商周青铜尊瓷器：一件大约烧造于12世纪的南宋官窑青瓷尊﹝图1﹞，通体施粉青釉，敞口，折肩，腹壁上收，有圈足，器身布满开片而无任何附加装饰，仅有几条从口沿微微

---

① "壶形尊、觚形尊和斝形尊。"李零：《出山与入塞》，北京：文物出版社，2004年，第265页。

凸起延伸至器足的脊。另有一件官窑青瓷簋(图2)，口微敛，圆腹，器口、腹部以弦纹为饰，器耳仅采用造型简单的双耳。故宫博物院藏汝窑天青釉弦纹樽(图3)，也是宋代仿古瓷中的精品。它仿汉代三足铜尊（或称三足铜奁）形制烧制。尊呈直筒式，其外口沿、束腰处及足上方往往饰以凸起的弦纹，下承以三个变形兽形足。同样形制的器物，英国伦敦大维德基金会（Percival David Foundation of Chinese Art）也收藏有一件。

除了仿古瓷器外，宋代还烧造过仿古陶制器皿。鉴于陶器比瓷器更不易保存，除了史料记载外，我们仅能通过一些碎陶片略窥其形貌。

从存世的宋代仿古瓷器来看，虽然从器形上很容易辨认出一件器物所参照、仿制的古器物原型，但宋代仿古瓷器也并非完全照搬。在装饰上，宋代仿古瓷器呈现出简约、素雅的特点。它们的表面基本不做繁复的细节表现，上古器物上的饕餮纹、云雷纹、窃曲纹等纹饰均不见于宋瓷，装饰被尽可能地简化了。器物外部最多以简单的弦纹为饰，以凸显器形的洗练和劲挺。宋代仿古瓷器在装饰方面的删繁就简，并非由于技术、工艺的限制，更可能是时代审美风尚影响下的结果。

虽然在存世作品中，我们难以看到和三代同样风格的装饰纹样，但并不能就此贸然判定带有这些纹样的仿青铜陶瓷器皿在宋代全然没有。1985年，在考古学者对浙江省杭州市玉皇山南乌龟山西麓南宋郊坛下窑窑址进行第二次考古发掘时，出土了制作精细的陶范残片。陶范为土红色，内部刻有三段纹饰，其间穿插有两道弦纹。上下两段分别刻有凤纹、夔纹和回纹，中段刻有变体篆文五字："无养颐之虑"(图4)。可见宋代仿古瓷中，亦有在器形和装饰两方面都忠实于三代风格的作品，只是数量十分有限。

图4：**陶范**，南宋，宽12厘米、长14厘米，浙江省杭州市乌龟山郊坛下官窑遗址出土，杭州南宋官窑博物馆藏

事实上，仿古并非始自宋代，早在战国时期，仿铜陶器就已开始流行。河北省易县燕下都16号墓中就出土有种类齐全的仿青铜陶器①。三代的墓葬多以礼器和兵器为随葬物，"国之大事，在祀与戎"②，以此显示墓主的身份、地位。有人统计了20世纪50年代以来发现的未被盗掘的145座商周墓葬，其中八成以上的墓葬中随葬有觚和爵，而随葬有鼎和簋的墓葬则表现出由早期到晚期数量递增的变化③。两宋时期对于三代器物的模仿也多是偏好于上述器形。

从北宋建国至南宋灭亡，仿古瓷器的产量呈现不断上升的趋势。我们今天所能见到的大多数宋代仿古瓷器都制造于南宋。虽然从两宋制瓷业的整体情况看，仿古瓷器仅占宋代大量瓷器中的一小部分，但其数量依然可观。汝窑、定窑、官窑、龙泉窑及钧

---

① 李零：《出山与入塞》，北京：文物出版社，2004年，第265页。
② （春秋战国）左丘明：《左传》，明嘉靖刻本，"成公十三年"。
③ 张渭莲：《商文明的形成》，北京：文物出版社，2008年，第69页。

窑均有仿古陶瓷器传世。可以想见在宋代社会它们会有怎样的保有量。

如果从技术层面来考察这些器物，会发现它们的制造工艺并不简单。陶瓷坯体在焙烧的过程中受到材质的限制，相同大小的坯体，正圆的器形的变化率远低于方直的造型。那些为体现古意而器形方直的仿古瓷器都是不惜成本高消耗制作的产物。南宋官窑遗址中发掘出的大量仿古觚、三足尊的碎片，应是被销毁的残次品，其数量充分说明这类瓷器的低出品率，以及它们的制作难度。

两宋时期的仿古瓷器，在各个著名的窑口都烧造过，现今的存世品数量虽称不上海量，但也十分可观。器形可以总结为几类，但同一器形下各器物间又有许多变化。两宋陶瓷的这股仿古风气实令人无法忽略，距离三代几千年后的宋人，重拾本不属于该朝的三代礼器样式，抟土为器，以复古为创新，在陶瓷史中谱写了新篇。

（二）隆礼制乐、帝王与博古类图谱

1. 宋太祖与《三礼图》

宋代是一个注重礼制的时代。《宋史》志第五十一《礼一》开篇云：

> 五代之衰乱甚矣，其礼文仪注往往多草创，不能备一代之典。宋太祖兴兵间，受周禅，收揽权纲，一以法度振起故弊。即位之明年，因太常博士聂崇义上《重集三礼图》，诏

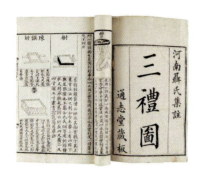

图 5:《三礼图》书影

太子詹事尹拙集儒学之士详定之。①

宋太祖（927—976，960—976 年在位）作为开国之君，继位伊始便"隆礼制乐"。先是召儒生们议定《三礼图》(图5)，次年便颁行于世，还在官僚培育机关大肆宣传，其速度之快、力度之大，都让人印象深刻。

《三礼图》是一部有关古代礼器的图谱，由五代旧臣聂崇义参照先代流传下来的六种礼图撰写而成。对于没有系统而科学的考古学支持的古人而言，要准确了解三代的礼仪制度和礼器形制是十分困难的。因此，《三礼图》事实上是杂糅汉唐以来有关三代的礼器信息，延续五代理学家的成果，再加以宋人的想象编撰而成。由此，它在宋代就常因"于古无据"而为许多大学者所诟病。欧阳修（1007—1072）在《集古录》中讥其簋图与刘原甫（生卒年不详）所得真古簋不同②，是随意杜撰。赵彦卫（生卒年不详）在《云麓漫钞》中讲其爵为雀背承一器，牺象尊，作一器，绘牛象，

---

① （元）脱脱等:《宋史》，北京：中华书局，1977年，第2421页。
② （宋）欧阳修:《集古录》，清文渊阁《四库全书》本，卷一，"叔高父煮簋铭"。

为望文生义[1]。虽然《三礼图》并不是一本严谨的学术著作,但因为广泛传播,它巨大的影响力在一定程度上指导了两宋仿古瓷器的烧造。

元丰元年(1078),宋神宗(1048—1085,1068—1085年在位)对礼器制度重新进行了考订。按照排斥汉唐以来旧器和宋初仪物之无稽的要求,摒弃礼器中不合古制的部分,而重新出版了两部重量级的著作:《礼书》和《礼象》。但是,《三礼图》依然在产生影响,它所辑录的器形仍为日后陶瓷礼器的烧造提供了图形上的参考。宋代太庙中所使用的祭器在北宋大部分时期里主要依据的都是聂崇义考订的《三礼图》中所画的样式。直到徽宗朝,宋代礼器的制定依然以聂崇义的《三礼图》为主要依据。南宋朱熹(1130—1200)造访文庙,见其祭器,感叹说,朝廷虽有政和改制,州县祭器仍依聂崇义礼图[2]。可见《三礼图》对宋代礼制的影响之深远。

两宋时期的礼制改革极为频繁。宋徽宗(1082—1135,1100—1125年在位)继位以前已经出现了五次礼仪制度方面的改革:宋太祖时的《开宝通礼》、宋真宗(968—1022,997—1022年在位)时的《礼阁新编》、宋仁宗(1010—1063,1022—1063年在位)景祐四年(1037)的《太常新礼》、宋仁宗嘉祐年间(1056—1063)的《太常因革礼》、宋神宗熙宁十年(1077)的《朝会仪注》等。宋徽宗即位后于政和三年(1113)而成《五礼新仪》。宋人重建仪礼的热情可见一斑。

---

[1] "《三礼图》出于聂崇义,如爵作雀背承一器;牺象尊,作一器,绘牛象。而不知爵三足,有雀之仿佛,而实不类雀……"(宋)赵彦卫:《云麓漫钞》,清咸丰《涉闻梓旧》本,卷四。

[2] (宋)朱熹:《晦庵别集》,《四部丛刊》景明嘉靖本,卷八。

郊祀或明堂大礼，乃是中国古代王朝最重要的祭礼之一。从商周起，祭祀用礼器便已形成大体的定制。大量考古发掘资料和古文献记载表明，郊祀祭器的材质有竹、木、陶、铜、金、玉等，尤其是陶质祭器不可或缺，方符合"器用陶匏，以象天地之性"[①]的郊祀特性。这一点在宋代的祭祀用器中已被实践。宋仁宗、宋神宗时的礼官讨论祭典仪式，认为簠、簋、尊、豆、登、罍等礼器在典礼中象征天地朴素的本质，都应为陶瓦器。

由此可见，宋人陶瓷器中的仿古行为最早是出于配合祭祀与礼仪的需求。

2. 宋徽宗与《宣和博古图》

目前存世的两宋仿古瓷器，以北宋末至南宋时期生产的为多，这或许与神宗以后礼仪制度的要求趋于琐碎，徽宗朝的宴享和祭典更为频繁，以及《宣和博古图》的成书有关。

"宋自神宗以降，锐意稽古，礼文之事，招延儒士，折衷同异"[②]，《宋史》中记载的这句话表明稽古精神的真正显现源于神宗朝。不过，在徽宗朝以前，礼器的制作并不完善，郑樵（1104—1162）曾批评说：

> 臣旧尝观释奠之仪而见祭器焉，可以观玩，可以说义，而不可以适用也。夫祭器者，古人适用之器，若内圆而外方，内方而外圆，若之何？饮食若台而安器，若器而安台，或盛多而受少，或质轻而任重，若之何？持执以此事神，其不得

---

① （清）张沐：《礼记疏略》，清嘉庆二十年南昌府学重刊宋本《十三经注疏》本，卷二十六。
② （元）脱脱等：《宋史》，清武英殿刻本，卷一百四十九，"舆服一"，"五辂"。

于古之道明矣。原其制作，盖本于礼图。礼图者，初不见形器，但聚先儒之说而为之，是器也，姑可以说义云耳！由是疑焉。①

郑樵的意思是说，徽宗朝以前的祭器多出自《三礼图》，《三礼图》乃糅合经说而来，难免纰漏甚多。

大观元年（1107），宋徽宗颁诏以古铜礼器为范本纂辑《博古图》，于宣和五年（1123）之后成书，故又称《宣和博古图》(图6)。该书共辑录了宋代皇家收藏的八百多件青铜器，上自殷商下至汉唐。政和五年（1115），原来画在国子监三礼堂的《三礼图》被毁去。以此事件为标志，宋代的礼器制作进入一个新时代。对照《宣和博古图》中所载商周贯耳壶图样，宋代的陶制贯耳壶（瓶）的形制和纹饰与之非常接近，应是专门仿照先秦青铜礼器形制烧造的祭器，即该书中所记载的"上尊曰彝，中尊曰卣，下尊曰壶"②，"礼器之设，壶居一焉"③的壶尊(图7、8)。"宣和元年五月二十七日，诏诸州，祠祭器；令礼制局绘图颁降，依图制造。"④

我们要注意宋徽宗的复古态度。《政和五礼新仪》中有一段复古而不泥古的说辞："循古之意而勿泥于古，适今之宜而勿牵于今……有不可施于今，则用之有时，示不废古……有不可用于时，则唯法其义，示不违今……因今之俗，仿古之政，以道损益而用之，推而行之。"⑤这段话涉及的面较宽，既针对制度设计，也适用于各种祭器制作。

---

① （宋）郑樵：《通志》，清文渊阁《四库全书》本，卷四十七，"器服略"。
② （宋）王黼：《宣和博古图》，清文渊阁《四库全书》本，卷六。
③ （宋）王黼：《宣和博古图》，清文渊阁《四库全书》本，卷十一。
④ （宋）王应麟：《玉海》，清文渊阁《四库全书》本，卷五十六。
⑤ 转引自（宋）王应麟：《玉海》，清文渊阁《四库全书》本，卷六十九，"礼仪"。

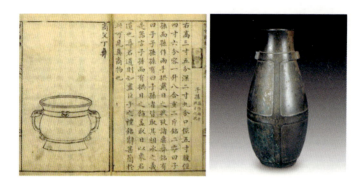

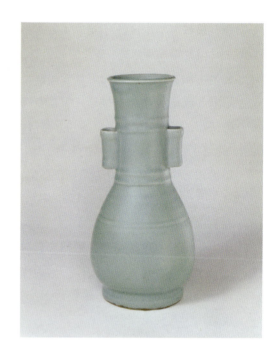

图 6（左上）:《宣和博古图》书影

图 7（右上）: **贯耳壶**，西周，通高 41.6 厘米、口径 10 厘米，辽宁省喀左县马厂沟出土，辽宁省博物馆藏

图 8（下）: **龙泉窑青釉贯耳弦纹瓶**，宋，高 31.5 厘米、口径 10 厘米、足径 11.7 厘米，故宫博物院藏

这一制定礼器法物的"宋代原则",可说是打破了一直以来重拾礼器的守旧做法,建立了将古代法则引入宋代制度的通道,体现出贯通古今的立意和精神。于是,政和七年(1117)明堂成,帝亲祀,配合此礼制的则是铜礼器的大排场。然后,至宣和七年(1125),徽宗每年必亲祀。政和年间(1111—1118)大量制作仿古铜,也算事出有因了。哲宗朝元祐年间(1086—1094),赵仲忽进"周文王鼎",曾引来了"腐儒"称"墟墓之物以请罪"①的声音。但在徽宗朝,墟墓之物与考古之风则被高度肯定,从《宣和博古图》所记录的近乎九百件器物的来源便能获知。"宣和间,内府尚古器,士大夫家所藏三代、秦、汉遗物,无敢隐者,悉献于上"②,"不止如此,老百姓趋利而挖掘,当官者极力访求,有罪者可入古器自赎,这些因素都带动起一股收藏古器物的风潮"③。而"好事者复争寻求,不较重价,一器有值千缗者。利之所趋,人竞搜剔山泽,发掘冢墓,无所不至,往往数千载藏,一旦皆见,不可胜数矣"。④宋人对仿古陶瓷器的喜爱,从侧面也反映出他们喜爱青铜器的程度。在青铜器无法满足祭祀需求的时候,仿古陶瓷便充当了重要角色。而《宣和博古图》所载的皇家大量仿古铜器以及三代古器收藏,则为仿古瓷烧制提供了视觉资源和思想基础。

瓷器的仿古之风往往与青铜的仿古风并行,因为它们早先就是以搭配使用的方式而被制作出来。宋代的宫廷用瓷有着严格的

---

① (宋)王黼:《宣和博古图》,清文渊阁《四库全书》本,卷三。
② (宋)叶梦得:《避暑录话》,明《津逮秘书》本,卷下。
③ 陈芳妹:《宋古器物学的兴起与宋仿古铜器》,《台湾大学美术史研究集刊》,2001年3月总10期,第46页。
④ (宋)叶梦得:《避暑录话》,明《津逮秘书》本,卷下。

图 9（左上）：**钧窑葡萄紫釉色出戟尊**，金，高 20.1 厘米、口径 13.5 厘米，台北故宫博物院藏

图 10（下）：**钧窑鼓钉三足洗**，宋，高 9.2 厘米、口径 24.3 厘米、足距 16 厘米，故宫博物院藏

图 11（右上）：**钧窑月白釉渣斗式花盆**，北宋，高 22 厘米、口径 23 厘米、足径 14.5 厘米，故宫博物院藏

规定，内供的器物不但民间严禁使用，落选的内供器物还要砸碎就地掩埋。具有礼仪用途的仿古瓷器，自然也非寻常百姓得见。

现今存世的有多件钧窑出戟尊，即是供皇室和内府所用的礼仪用器中的精品。台北故宫博物院藏有至少六件钧窑出戟尊，其中四件为月白釉，两件为葡萄紫釉（图9）。它们均广口、外撇，且有圈足，腹部凸出呈扁圆形，瘦颈。该器的上、中、下三部每层四面各凸起直线形长戟四个，两两相对，上下呼应，仿的是晚商的形制。此外，故宫博物院、上海博物馆等也收藏有同样形制的钧窑出戟尊。

而钧窑瓷以单一釉料烧造出了多变的色彩，外加其器皿造型古朴，因此在徽宗时期被定为御用官办窑场。钧窑产品种类仅限于花盆、盆奁（盆托）、鼓钉洗、出戟尊等陈设类器物，不见食器、酒器等生活日用器皿。

从钧窑存世品的造型来看，自徽宗开始，礼器造型的宋代瓷器逐渐产生了更多变化，不再局限于仿，而是在造型上融合古元素创造出了更为多样的器物样式与风格。故宫博物院藏有两件钧窑鼓钉三足洗（图10），口沿下及近处底均环列乳钉装饰。鼓钉三足洗这样的器皿，正是宋人以仿古元素进行再创造的新器形。故宫博物院藏有三件钧窑渣斗式花盆（图11），一件被磨去口沿已非原貌，另外两件为同一形制。它们敞口，扁圆腹，圈足微微向外伸展。渣斗式花盆也是一种模仿古器物造型而创造出的新器皿。

（三）南宋陶瓷礼器

南宋时龙泉窑迅速发展，青瓷质量有了显著提高，出现了粉青、梅子青等青翠娇艳的釉色。瓷窑也大量增加，已发现的窑址数量

图 12（左）：**龙泉窑鬲式三足炉**，南宋，高 12.4 厘米、口径 14.5 厘米、足距 9.2 厘米，故宫博物院藏

图 13（右）：**龙泉窑青釉琮式瓶**，高 25.2 厘米、口径 6.2 厘米、足径 6 厘米，故宫博物院藏

为北宋遗址两倍以上。其中出现了不少仿古铜器、玉器造型的器物，仿铜器的有鬲式炉（图12）、觚、壶等，仿玉器的有琮式瓶（图13）。

宋室南渡以后，由于昂贵的青铜和玉制的礼器在战乱中遗失殆尽，一切礼仪用器都要重新置备。鉴于财力和物力的限制，宋高宗（1107—1187，1127—1162 年在位）诏谕官窑工匠取材《宣和博古图》上的器物形制，烧制瓷质礼器。

尽管历经战乱与半壁江山的丧失，安居一隅的南宋王朝对于仪礼的热情并未散去，仅在绍兴年间（1131—1162）烧造的陶瓷制的祭祀器物就不可胜数。绍兴元年（1131），宋高宗参酌皇祐二年（1050）四月诏书，合祭昊天上帝、皇地祇于明堂，奉以太祖太宗配祀。祭祀天地并配位所用的陶器由越州烧造，其中陶瓷质祭器有大尊、山罍、著尊、牺尊、象尊、壶尊、笾、豆等。①绍兴十六年（1146）七月，礼器局有奉圣旨"开说""印造"祭器样制的记载，至少可以肯定大尊、山罍是陶质祭器。②绍兴四年（1134），宋高宗在临安举行明堂大礼，合祀天地、祖宗并从祀百神共447位，正配四位合用陶器及从祀位合用祭器中瓦大尊24只，由绍兴府余姚县烧造。③绍兴十六年二月，宋高宗诏依礼器局所申事理，按南郊、太庙圜坛正配位陶尊罍样制，改造陶著尊、牺罍、象罍、壶罍、山尊、山罍各24只，其中大尊、大罍系以瓦为之。④绍兴十九年（1149）郊祀大礼，在所用的27000余件祭器中，尽管已经过绍兴十六年"凝土范金"⑤的大改造，仍然有2200余件陶瓷质祭器。⑥

绍兴以后，南宋因"铜贵钱贱"最终导致了"铜荒"，民间多熔钱作器牟取暴利，其后果是宫廷不得不熔铜器铸铜钱，以维持经济秩序。⑦从绍兴晚期至南宋末年，南宋皇家对圜坛、太庙所用祭器的制作和改造，只能是"内有铜者，以漆木为之"⑧，绝

---

① （宋）礼部太常寺纂修、（清）徐松辑：《中兴礼书》，清蒋氏宝彝堂钞本，卷四十五，"吉礼"四十五。
② （宋）礼部太常寺纂修、（清）徐松辑：《中兴礼书》，清蒋氏宝彝堂钞本，卷十，"吉礼"十。
③ （宋）礼部太常寺纂修、（清）徐松辑：《中兴礼书》，清蒋氏宝彝堂钞本，卷四十八，"吉礼"四十八。
④ （宋）礼部太常寺纂修、（清）徐松辑：《中兴礼书》，清蒋氏宝彝堂钞本，卷二十二，"吉礼"二十二。
⑤ （宋）礼部太常寺纂修、（清）徐松辑：《中兴礼书》，清蒋氏宝彝堂钞本，卷一百七十，"吉礼"一百七十。
⑥ （宋）礼部太常寺纂修、（清）徐松辑：《中兴礼书》，清蒋氏宝彝堂钞本，卷十一，"吉礼"十一。
⑦ 高宗曾于绍兴二十八年（1158）七月，"出御府铜器千五百事"送铸钱司。（元）脱脱等：《宋史》，清武英殿刻本，卷一百八十，"食货志"第一百三十三。
⑧ （清）徐松：《宋会要辑稿》，稿本，礼一。

对不会是逆向的易陶木为铜。所以,陶质祭器自宋室南渡以后,一直都在南宋皇家祭祀大礼中扮演着重要角色。正所谓"凝土为质,陶以为尊,贵本尚质而已"①。

(四)直观三代、儒士与仪礼

"再现三代"不仅是皇室和宫廷的主张,更是士大夫们的理想。欧阳修在修撰《新唐书》时感慨道:"由三代而上,治出于一,而礼乐达于天下;由三代而下,治出于二,而礼乐为虚名。"②两宋时期的士大夫们出于儒家理想,主动而积极地参与到了重建礼制的复古行动中。司马光(1019—1086)于嘉祐七年(1062)五月"上仁宗论谨习"之奏议,详尽地从历史角度论证礼制为国家治乱之根本,进而指出复兴古代礼制的必要性③。

宋代随着科举成为制度,文官政治得到了极大的发展。文官与儒生,在社会中扮演着越来越重要的角色,既协助君主进行统治,又是民众们的道德楷模和文化榜样。包弼德(Peter K. Bol)指出,中国社会"7世纪的精英成员是家世显赫的门阀世家;在10和11世纪,是官僚士大夫;到了南宋时,地方文人则成为精英群体的成员,这些地方家族为朝廷输送了大量的科举应试者"④。两宋时期,那些支配中国政治与社会的精英分子多是没有显赫家世的孔门弟子,他们的"复古"情结既是一种政治主张,又是一

---

① (宋)礼部太常寺纂修、(清)徐松辑:《中兴礼书》,清蒋氏宝彝堂钞本,卷十,"吉礼"十。
② (宋)宋祁、欧阳修、范镇等:《新唐书》,清乾隆武英殿刻本,卷一百一十一,"礼乐志"。
③ (宋)赵汝愚:《诸臣奏议》,宋淳祐刻元明递修本,卷二十三,"君道门"。
④ [美]包弼德(Peter K. Bol):《斯文:唐宋思想的转型》,刘宁译,南京:江苏人民出版社,2000年,第4页。

种对自身身份重要性的认同。然而，三代作为过往毕竟无法回溯，"再现三代"只能作为一种理想。诚如宋初经学家吕大临（约1042—约1090）所说："汉承秦火之余，上视三代，如更昼夜，梦觉之变，虽遗编断简，仅存二三，然世态迁移，人亡书残，不复想见先王之绪余。"[1] 两宋文人士大夫对待寄托三代理想的古物，态度是极尽虔诚的。他们不会将古物视作"耳目奇异玩好之具"，而是"非敢以器为玩也"，要"观其器，诵其言，形容仿佛，以追三代之遗风"[2]。

虽然完全复原三代的精神是不可能完成的任务，但文人们的复古探索也不是毫无意义的行为。两宋时古器物的收藏在文人士大夫所代表的精英阶层中蔚然成风。刘敞（1019—1068）收藏有11器[3]，但他算不上是宋初的大收藏家。吕大临《考古图》一书中辑录了37位藏家，共237器，其中藏器多者如庐江李氏，藏49器；河南文氏，藏16器；临江刘氏、新平张氏，各藏13器。[4]

吕大临《考古图》成书于元祐七年（1092）。在此之前，皇祐三年（1051）前后，宋代皇室已刊行《宋皇祐三馆古器图》；嘉祐八年（1063），刘敞刊行《先秦古器图碑》；此外，还有李公麟（1049—1106）编撰的《古器图》和《周鉴图》等。《三礼图》虽也图绘器物，但依经文绘图，谬误甚多。宋代儒士们所著古器物图录乃是直接凭借器物完成，因此避免了单凭文字的"臆断"。

---

[1] （宋）吕大临:《考古图》，载（南宋）吕祖谦:《宋文鉴》,《四部丛刊》景宋刊本，皇朝文卷，卷八十三。
[2] （宋）吕大临:《考古图》，载（南宋）吕祖谦:《宋文鉴》,《四部丛刊》景宋刊本，皇朝文卷，卷八十三。
[3] （宋）刘敞:《公是集》，清文渊阁《四库全书》补配清文津阁《四库全书》本，卷一。
[4] 容庚:《商周彝器通考》，北京：中华书局，2012年，第230—234页。

两宋金石学及古物收藏的风气，对宋代陶瓷器中的仿古风形成直接的影响。

二、烧造中的"窑"与"样"

两宋皇室和宫廷用瓷一般由专门的官窑烧造，但许多民间窑厂也在不同的时间内担负着向内府供应瓷器的义务。正史中并未有关于官窑的具体记载。后世有关南北宋官窑的大部分知识，都源自宋人叶寘（约1190—？）《坦斋笔衡》和顾文荐（生卒年不详）《负暄杂录》的记载：官窑的瓷器用于进贡内廷，一般臣民不能使用，包括政和年间京师的"官窑"、南渡后"置窑于修内司"的"内窑"，郊坛下另有"新窑"[①]。"曾为北宋王朝烧造过宫廷用瓷的瓷窑，按时间顺序大致是浙江越窑，陕西耀州窑，河北定窑，河南汝窑、官窑、钧窑。进入南宋后，朝廷的需求，主要是由南宋官窑承担。越窑烧宫廷用瓷的时间是在太宗太平兴国年间（976—984），耀州窑在神宗元丰年间（1078—1085），定窑、汝窑、官窑和钧窑约在哲宗到徽宗时期（1086—1125）。六窑烧造宫廷用瓷似乎都为时不长，少者数年，多者20年。"[②] 供入内廷的器物如果未达到烧造标准，要将废品集中捣毁掩埋。贡窑的贡物应当也有专供官用不入民间的限制。

宋代礼器法物由少府监管理："元丰新制，掌百工技巧之政

[①] （宋）叶寘：《坦斋笔衡》，载（元）陶宗仪：《南村辍耕录》，《四部丛刊》三编景元本，卷二十九；（宋）顾文荐：《负暄杂录》，载（元）陶宗仪：《南村辍耕录》，《四部丛刊》三编景元本，卷一十八。

[②] 冯先铭：《中国陶瓷》（修订本），上海：上海古籍出版社，2001年，第387页。

图 14：定窑白釉弦纹三足樽，北宋，高 10.2 厘米、口径 15 厘米、足距 14.4 厘米，故宫博物院藏

令；乘舆服御之物、祭祀、朝会礼乐器服与册宝、符节、度量衡，则按法式与制度制造。"① 而其责任所在，即是按"法式与制度"从事这些物品的制造。由此可知，官府制造的物品应有严格具体的规范指导。

宋代的仿古陶器的造型也是在官方定制的标准下完成的。凡是涉及复古或是祖宗礼制的事情，均需要相关人员的考量，指定作坊依照"样式"而作。其官样定制的讨论，需有学理或实物的依据。

北宋初期，定窑一度为官府烧制宫廷用瓷〔图14〕。基于这种特殊需要，官府选拔了一部分优秀匠师，在选料、用料、加工等工序上都提出了严格要求。② 基于要求的限制与"样"的提供，官府制定的标准客观上促进和提高了民办御用窑场的制瓷水平。虽然烧造之物不允许流入市场，但其器形、纹饰、釉色、烧法，往往都会成为国内其他窑场争相效仿的对象。因此，在宋代，大凡定窑、汝窑、钧窑之类的民间窑场也都能烧制出品质上乘的精品。而当官府要求依样制造时，窑场在原有造瓷技术上依纹样、

---

① （清）嵇璜、刘墉：《续通典》，清文渊阁《四库全书》本，卷三十一，"职官"，"少府监"。
② 冯先铭：《中国陶瓷》（修订本），上海：上海古籍出版社，2001年，第375—378页。

造型、大小等方面的需求制作瓷器，进贡器皿即可。所以，只要需求群体与需求性质相同，不同瓷窑生产出造型相同的器物便不足为奇。

而从另一方面来讲，等级差异虽然存在，但艺术追求总是趋同的。在不违背法令的情况下，日常用器出现与官府用器式样、纹饰大致相同的器皿也是常有之事。譬如，莲荷、婴戏、牡丹、双鱼等图案纹样，雕花、印花、覆烧等工艺手法，在不同窑系的日常用器和官府用器上均十分常见。

官府为民窑提供了样式，规范了生产，也为生产提供了模仿的参考，从一定程度上促进了民窑的发展，推高了两宋制瓷业的整体水平。

三、由玳瑁碗引发的思考

（一）行为、法令及风气的变化

瓷器通常是应对玉料、金银或青铜匮缺的代用品，它们与宫廷内府的联系远不如玉器、金银器以及铜器那样密切，从某种程度上说只是宋代若干产业链条中的一环。而瓷器与金银器的使用状况是互成反比的，对金银的管制势必会推进材料易得的瓷器的发展。相较于瓷器而言，金银器一直受到政策法令的严格控制。

魏晋南北朝时期，金银器的制造由官方手工作坊垄断。除统治者之外，任何人私造金银器、私养金银器匠人都是违背法令的行为。直到唐与西域频繁往来之时，这一格局才被打破，金银器的制造和使用不再囿于法令。从陕西省西安市何家村窖藏出土的大量做工精细、造型优美的金银器便可看到唐代金银器使用人群的拓展。然而，自宋以后，金银器的制造不但没有继续前进，反而不及唐代兴盛。有学者认为，这种状况的出现是因为"瓷器制造技术有了显著的进步，原料易得、价格较为低廉的瓷器在人们日常生活中所占的地位越来越重要，因而价格昂贵的金银器在许多领域已被瓷器所取代"。① 但从宋代手工业发展的具体情形和宋代工艺制造的法令法规来看，金银的开采量从宋初至北宋中叶明显处于增长状态，而限制使用奢侈用品的法令法规则日益增多。由此可见，宋代金银工艺发展趋缓是政府有意打压控制的结果。

宋人笔记中常有皇帝尚俭去奢的记载，有一定的真实性，在此权引两则。一则说的是欧阳修前去探望生病的仁宗，所见物用极其平常：

> 仁宗圣性恭俭。至和二年春，不豫，两府大臣日至寝阁问圣体，见上器服简质，用素漆唾壶盂子，素瓷盏进药，御榻上衾褥皆黄绸，色已故暗，宫人遽取新衾覆其上，亦黄绸也。然外人无知者，惟两府侍疾，因见之耳。②

另一则是皇帝与宰相吕大防（1027—1097）等论及祖宗家法时的对话：

> 前代宫室多尚华侈。本朝宫殿止用赤白，此尚俭之法也。前代人君虽在宫禁，出舆入辇。祖宗皆步自内廷，出御

---

① 卢兆荫：《玉振金声——玉器·金银器考古学研究》，北京：科学出版社，2007年，第227—228页。
② （宋）欧阳修撰、李伟国点校：《归田录》，北京：中华书局，1981年，第9页。

后殿。……至于虚己纳谏，不好畋猎，不尚玩好，不用玉器，饮食不贵异味，御厨止用羊肉，此皆祖宗家法，所以致太平者。①

在宋代儒学兴盛、强调礼法的时代氛围中，皇帝尚简去奢成为政治主流，国家必然由上而下颁布诸多限制贵价金属器制作和使用的法令。虽然这种限制张弛不定，但基本立场贯穿两宋始终。两宋时期涉及工艺品制造的法令多达五十余条，尤其以仁宗、神宗两朝限制最严，法令中还包括了对外来式样的限制。

宋代君臣在日常生活中也极少使用玉料制品，通常只是使用玺印与玉带之类用以象征身份的物件。许多材料因资源有限而显得弥足珍贵，诸如金银、青铜、玉石以及象牙、龟甲等。这些材料的获取和加工不免会有劳民伤财之弊。宋代稀有金属的冶炼地并不多，仅福州、韶州、饶州、商州等。与贵重材料相比，瓷器在价格与原料上的优势是显而易见的。

尽管统治者推崇俭德，但贵贱尊卑的等级制度仍然存在。一方面是国家的三令五申和礼法道德的限制，另一方面是彰显身份的需求。权贵和上层阶级即使弃用贵价材质，而使用以土为原料的陶瓷，也依然可以通过复杂的工艺、特殊的审美，以及产量的控制等手段，使得他们的日常用器有别于他人。

（二）黑釉瓷与模拟自然

黑釉瓷器历史悠久，最早可以追溯至东汉。不过，黑釉瓷器长期以来并不是最受欢迎的釉色品类，因此在宋代以前，它的数

---

① （元）脱脱等：《宋史》，清武英殿刻本，卷三百四十，"列传"第九十九。

第三章 穿行古今的两宋陶瓷

图 15（左）：**建窑黑釉兔毫盏**，宋，高 5.8 厘米、口径 12.8 厘米、足径 3.9 厘米，故宫博物院藏

图 16（右）：**吉州窑玳瑁釉罐**，宋，高 11 厘米、口径 12 厘米、足径 3.2 厘米，故宫博物院藏

量并不多。

而至宋代，黑釉瓷器得到了长足的发展，出现了许多非常有特色的品种，以建窑的油滴釉、兔毫釉（图15）、天目釉，吉州窑的玳瑁釉（图16）最为著名。建窑和吉州窑的这些黑釉瓷器以茶盏最多，称油滴盏、兔毫盏、天目盏、玳瑁盏等，但也见瓶、罐等器形。建窑、吉州窑黑釉茶盏的兴盛与宋代富裕阶层斗茶的风气密切相关。茶器在斗茶中扮演着十分重要的角色，但因为朝廷三令五申限制贵价材质的使用，例如仁宗朝时就曾发布"罢造玳瑁龟铜器"[1] 和"玳瑁酒食器，非宫禁毋得用"[2] 的诏令，人们不能使用玳瑁来制作茶器，于是只能别出心裁。这些黑釉茶盏就是别出心裁的产物。

---

① （宋）陈均：《宋九朝编年备要》，宋绍定刻本，卷十。
② （元）脱脱等：《宋史》，清武英殿刻本，卷一百五十三，"舆服"五。

以玳瑁盏为例，该类茶盏以浓黑底色上黄褐色的斑点、斑块为特色，因颇似玳瑁而得名。玳瑁釉色事实上是一种窑变的结果，其做法是在器物上先施一种氧化铁含量较高的釉料，然后再随意甩洒一种氧化铁含量较低的釉料。这样烧成时在两种釉料的边缘便会产生交融、流淌的效果，千变万化，产品中绝对找不到一模一样的两件，就好像取自自然的玳瑁产品，每一件的花纹都有其特别的韵味和情趣。

又以油滴盏为例，该类茶盏釉色乌黑锃亮，釉面布满油滴状的银白色结晶，仿若大小不一的点点油花。油滴盏的胎体含铁量极高，有些胎体中含铁量达到9%以上。当窑烧到1300度左右时，胎体中的铁会融入釉色中，釉面开始形成"液相分离"，也就是釉中融入铁的部分和未融入铁的部分相互分离开。在重力和表面张力等的共同作用下，富铁液相容易漂浮在釉层表面，随着时间推移，浮在釉层表面的液相也就越来越多。这些铁系晶体在釉面上的形状，像浮萍一样。兔毫盏则以黑釉表面分布丝状结晶为特色，其形成原理与油滴盏类似，也是饱含铁元素的胎体，在高温下铁元素熔于釉料中，而釉水流动将铁质拖带成一丝丝条纹状。油滴盏又称雨点釉盏、滴珠盏，兔毫盏则有兔毛斑、兔毛花、黄兔斑、毫变盏等别称。从这些雅致的称呼上，可以看出这类黑釉瓷器与玳瑁盏一样，是对自然的一种模仿。

这样清雅的命名，也说明了这些器物的使用者应是有闲的知识阶层和富裕阶层。事实上，建窑和吉州窑还一度为宫廷烧造器物，在现今它们的窑址发现的残片上，能够找到"供御""进盏"字样的底足片，有的字体甚至很像宋徽宗的瘦金书法[①]。可见建窑

---

① 叶喆民：《中国陶瓷史》，北京：生活·读书·新知三联书店，2011年，第324页。

和吉州窑烧制的这些特殊品类的黑釉瓷器，并非如前代黑釉瓷一样供普通人的日常之用，其中的精品应是精英阶层的玩赏物件，甚至是宫廷雅物。

宋代民间制瓷的发展是几个群体共同作用的结果：宫廷设计者、民间发明家，以及手工作坊中的匠人。宫廷设计者的样式被民间发明家和手工作坊中的匠人所效仿。这几个群体所代表的因素共同在宋代民间瓷器的设计制造中发挥着作用，构成了宋代民间瓷器创造发展的基本框架。使用者身份越卑贱，所受限制就越多。等级差异虽在，而对艺术美的追求趋同。不像贵族与士大夫阶层所推崇的器皿那样，传统文化对民间用器的影响看似是最为次要的。如玳瑁盏并非仿古器，它的出现与生产表面看与传统文化关系不大，但它是科学技术和技艺经验共同作用下的产物，同时也是人们对器物的审美要求提高的表现，这本就是对于传统的一种延续。对于统治者和精英阶层的成员来说，大众文化虽然存在，却不值得认同。他们刻意拉大与大众间的差距，但是又被大众文化所包围。民众在不逾越法令的前提下，在釉色与巧意中寻求变通。这未尝不是宋代陶瓷在模仿创造中的可贵之处。

四、宋人的文化选择及审美取向

器物在制作的过程中，除了技艺经验的限制之外，不可避免地还要受到文化选择与价值取向的影响。宋人渴望重现古代的风貌，但时代变更导致宋人虽在审美取向上主张复古仿古，却仍有自己关于"古色古意"的新认识与新解读。重新审视宋代的陶瓷造型艺术，仿古瓷器在两宋陶瓷中别具特色。宋代的仿古瓷器，其原型往往是那些在上古历史中具有突出礼仪象征性的器物，如尊、鼎、盘、觚、簠、琮等。宋代对这些器物造型认识的重建，除了来自经文图谱，还以实物为参照。金石学在宋代的兴起，反映了宋人严谨的学术态度。但是，通过实物，我们发现，宋人对古的推崇备至本质上并不在于物的外观形态，而是强调它所蕴含着的文化象征意义。换句话说，宋人在陶瓷器制造中凸显出的"仿古"是在强调蕴含于造型中的历史精神。"汤盘、孔鼎……三代以来至宝"①之类便成为极佳的模仿对象。因此，在制造仿古瓷器的时候，宋人虽然是在依"样"造器，但并不会生硬地规定器物的形制与比例为评价器物美不美的标准。即使是在官窑中，也不会一定要按照统一模式制作器皿。譬如宋代哥窑烧造的两件贯耳瓶（图17、18），它们都以古代铜壶为蓝本，但其器形又与古代铜壶有明显差别，并且每件贯耳壶造型均有不同，各有其曲线和比例。这样的例子在宋代的陶瓷器中比比皆是。

宋代儒士对器物的评价莫不与器物在社会、人文方面的价值相联系，以文质定其优劣。这是早先就有的传统。据孔门弟子记载，孔子见当时制造的觚形制全然有别于商周先代而心生感慨，望觚长叹。他对觚的否定，实际上是出自对当时社会时弊的批判②。韩非子说："礼为情貌者也，文为质饰者也。夫君子取情而去貌，好质而恶饰。夫恃貌而论情者，其情恶也；须饰而论质者，其质衰

---

① （宋）欧阳修：《欧阳文忠公集》，《四部丛刊》景元本，居士集，卷四十一，"集古录目序"。
② "子曰：觚不觚，觚哉觚哉。"（春秋战国）孔丘等：《论语》，四部丛刊景日本正平本，卷三。

第三章 穿行古今的两宋陶瓷

图 17（左）：**哥窑青釉贯耳瓶**，宋，高 11.5 厘米、口径 2.5 厘米、足径 4.2 厘米，故宫博物院藏

图 18（右）：**哥窑八方贯耳扁瓶**，宋，高 14.9 厘米、口径 4.6—3.7 厘米、足径 4.8—6.4 厘米，故宫博物院藏

也。"[①] 显然，君子之所以不喜纹饰，是因为它于器物的实际用途没有益处。过分的装饰并不被宋人赏识。凤首壶是唐代盛行的式样，宋代依然烧造。福州宋墓出土的白釉凤首壶，既没有贴花装饰，亦无柄，只保留唐代凤首壶造型的遗风。虽为同一式样的器物，其在唐宋间的差异便体现了宋人在审美取向上较唐代的不同。

伴随着商业的发展和城市的兴盛，市民阶层在宋代兴起，且日益壮大。他们的物质消费需求和审美意识觉醒客观上推动着民间产品制造中设计意识的普遍增强。从当时一些风俗类的书籍所反映的情况来看，宋代城市居民对待物质生活的态度，已出现很明显的注重物品审美属性的特点。在一些情况下，对物品设计的

---

① （战国）韩非：《韩非子》，《四部丛刊》景清景宋钞校本，卷六，"解老"，第二十。

追求还同流行文化结伴同行，形成了基于大众文化的审美认同。在宋代，器物的质地美被摆在了首要位置。质地要与造型协调一致，这在宋代是很有代表性的审美要求。这为本来平凡的陶瓷器制作与创造留下了更大的表现空间，而这个空间是通过釉所达到的效果实现的。

釉本是附着在陶瓷表面的玻璃质薄层，其主要成分是石灰石与黏土的混合物。在不同的化学反应中釉料能呈现出不同的色泽，并能映衬出陶瓷质地的独特美感。汝窑因为如玉的色泽满足了古人对于玉的欣赏，进而为宋人所喜爱。相传宋徽宗曾梦到了雨过天晴后天空的颜色，便命汝窑工匠烧制类似这种颜色的瓷器。于是，这种介于蓝与绿之间的天青色釉色便成了汝窑的代名词。而在历代帝王中，汝瓷向来被视为宫廷之宝。1151年，高宗赵构造访了宠臣张俊（1086—1154）的府邸，为了表达受宠若惊的心情，张俊献上了一份厚礼。礼单中有商周铜器，还有16件汝窑瓷器，汝瓷的珍贵程度由此可见一斑。官窑为了追求温润如玉的效果，釉质非常厚实。这在中国古代瓷窑中是一种非常特殊的现象。经常釉质的厚度要超过胎体的几倍，主要是为了追求釉质的这种玉质感，釉质越厚，玉质感越强。此外，釉色也是瓷器重要的审美追求之一，譬如，颜色极其鲜艳的钧窑瓷器就有玫瑰紫、海棠红等多种色彩。由于釉色全靠天成，变幻无穷，使得钧瓷烧制极为困难，民间有十窑九不成的说法。可以说，宋人在审美取向上对瓷器的把握是非常严格的。

文化传统在宋代物品设计制造中的有效转化，无疑与宋代知识阶层有着殊为紧密的联系。这个深受传统文化熏陶的精英阶层，以多种方式介入和参与物品式样的拟订，并且以其思想观念对一个时代的物品发展产生了方向性的影响。在官府手工业中，他们主导生产政策，审阅器物样式；对民间手工业而言，他们评价器物优劣，引导审美风尚。宋代特殊的社会条件，使得这个在现实中行使着社会权力同时也掌握着话语权的人群的成器价值观、形式审美观超越了观念自身的界限，进而对陶瓷的实际成器活动产生了强有力的干预和引导作用。宋代陶瓷器的制造如此熠熠生辉，还在于即使是庶民阶层，对陶瓷器的制造也有着自己独立的认知，并且会主动将这种认知由模仿应用到创作中。官方品位的重"质"恶"饰"精神，以另外一种面貌在民间流行——以自然事物的美作为美化器物的手段。民间手工业者，用多样的手法将身边的花草鱼虫、生活百态涂绘于器物之上，用釉色的变化将本不为人所喜好的黑釉瓷变得多样多彩。

陶瓷的历史不只是一部技术史，它同时也是一部社会文化史，一部与古人生活息息相关的审美风尚史。由此，我们察觉到了宋代瓷器发展的多个立面——既是模仿的，也是创造的；既是循古的，也是标新的。可以肯定，除了那些由功能因素决定的各种器物形制的变动外，宋代陶瓷并不仅是简单的实用器或是摆设物件，它在宋代的演变自始至终与政治策略、儒士精神、物质文化相交织。作为一种时代趋向，宋人的精神渗入社会生活的方方面面，新兴势力的崛起促使社会基调由博大开放走向了独立内省。从社会文化和审美取向上来看，在这段转型的历史中，主导瓷器审美风尚变迁的不是异域的文化元素，而是两宋民众对自身思想文化的满腔热情。

小　结

通过综合考察可以发现，文化是影响宋代制瓷的最主要的因素。在技术水平和艺术经验发挥各自作用的同时，宋人对"礼"与"器"的关注，进而对陶瓷造型艺术所形成的影响，对于今天来说，依然显出其独特的意义——它规范着技术与艺术的发展方向。生活在两宋时期的人们正是通过自己创造出来的陶瓷器和在这些陶瓷器中体现出来的多层次的价值，来展现自己的思想文化与时代趋向。

亚里士多德曾说过一段值得深思的话："关于制造过程，一部分称为'思想'，一部分称为'制作'——起点和形式是由思想进行的，从思想的末一步再进行的工夫为制作。"[1] 不可否认，宋代制瓷业的兴盛与其利益之大不无关系（其商税收入为十取其一）。利益所驱，使得宋代官方鼓励民间各地兴窑，大量生产瓷器。然而，更为重要的还在于宋人对于掌握窑火幻化特性的得心应手。两宋已积累成形的不少陶瓷以及与陶瓷相关的知识，也成为后代认识陶瓷的重要文化遗产。无论是对于古代的模仿还是对于时代所需的标新，宋人的探索无疑是一种典范。

对于今天的人们而言，10世纪至13世纪的人们对于陶瓷的认识是一个复杂的问题。在当时的社会氛围中，陶瓷不但是礼仪所需，是生活情调和艺术活动的载体，同时也是消费品。因此，当我们讨论宋人对于陶瓷的认知时，需明白，陶瓷不是纯粹的工艺品，它常常与个人的社会等级、身份认同、商业利益等相纠缠。然而，每个时代的人都凭借着他们的所知以及所能掌握的材料，对于陶瓷的制造有着不同的理解。从具体实物中不难发现，当时的人们在认识瓷器的同时也是在塑造一种范式，因此，就带着一

---

[1] ［古希腊］亚里士多德:《形而上学》，吴寿彭译，北京：商务印书馆，1959年，第137页。

种责任于己身的文化精神去模仿与创造。随着朝代的更迭,掌握材料的不同,以及使用的工具与方法不同,人们所建构起的关于陶瓷的知识也就不同。在陶瓷模仿、融合与创造的发展过程中,两宋无疑是一个"器"与"礼"、"形"与"色"并重的时代。

结　语

　　站在全球文化史的高度，无人不承认历史悠久的中国陶瓷是一个独树一帜的艺术品类。然而，就中国陶瓷艺术研究的现状而言，一个显而易见的问题是，许多美术史著作在论及陶瓷艺术时，通常只不过是在"工艺美术"的条目之下，简要地介绍分析历代名窑产品的不同风格特色和技术成就；于工艺技术之外，即便涉及造型与装饰的研究，也只是从器物层面对造型进行分类或对装饰特征做直观的描述，很难见到对其艺术风格形成的原因做出合乎历史的解释，遑论对其中反映的艺术创作规律做出学理层面的归纳与思考。

　　事实上，任何一个艺术门类，不仅其每一时代风格的背后总有其特定历史与文化的决定性；一个艺术门类的不同时代风格之间，也往往有其发展、演变的内在逻辑。陶瓷艺术亦不能例外。依照这一思路，笔者着重选取了先秦、隋唐、两宋三个不同历史阶段，对各个阶段陶瓷造型的时代特征，进行了一次尽己所能的还原性考察；进而以其基本变化脉络为切入点，侧重讨论了反映在陶瓷造型演变中的不同文化背景下不同文化元素的交汇与互动。随着这项研究在反复的设问与验证当中缓慢而不断地推进，我们的眼前渐渐显现出这三个时期陶瓷艺术之文化特征的历史图景。

一、铜土混育：南北文化的多样与互动

我们研究先秦的陶器与青铜器造型艺术的努力，其意义正是要激活更多文化艺术的资源，让更多的艺术实践者进入先秦艺术创造的多样与互动的时空中来，以古鉴今，充实我们今天艺术创造的方式与思路。

罗森教授在讨论先秦青铜器的设计时认为，所有的纹饰都是为了引起人们的注意，"纹饰的意义在于它是吸引人们注意的一种手段，但同时它也只能永远被当作手段来使用"[①]。任何时候青铜器铸造者都可以提取或多或少当时已有的器形和纹饰来满足拥有者对等级和所属关系的要求。

"纹饰最重要的目的似乎在于使一件礼仪容器变得醒目。其次，纹饰可以细分器物的种类。它促使人们对器形即礼器种类的注意，这是一个重要的功能，因为器形在礼仪中可能具有突出的功用。此外，在特定的器物类型中，纹饰还可体现等级，而在等级中还能进一步表示器物的所属关系。如果礼仪活动想要预先正确地准备并且按次序顺利举行的话，注意这种差别可能是很重要的。礼仪活动巩固了社会的等级次序，因而礼器也同样被组织起来。中国青铜器的复杂纹饰不是一种特别的思想模式或信仰体系的产物，而是提供一个复杂社会使用的复杂工艺的产物。"[②] 商周青铜器由于材质本身的珍贵性和工艺的复杂性，而成为礼仪祭祀中的重要器物和社会等级的显著标志，直接参与了丰富多彩的社

---

① ［英］罗森（Jessica Rawson）：《中国古代的艺术与文化》，孙心菲等译，北京：北京大学出版社，2002年，第107页。
② ［英］罗森（Jessica Rawson）：《中国古代的艺术与文化》，孙心菲等译，北京：北京大学出版社，2002年，第107页。

会政治、经济、文化活动，影响了人们的思想和行为。作为最高等级的器具，青铜器也成为陶器在造型和纹饰上模仿的直接来源。

同时，以中国幅员之辽阔，气候和地形之多样来看，除了中原黄河流域的主要文化共同体之外，"中国的地理决定了我们现在所发现的文化多样性"，"中国大陆地区居民的艺术传统的历史并未显示出一个统一的脉络，而是许多不同族群的贡献融合的结果"①。

中国的考古发现中最令人吃惊的方面之一，是发现了我们古代文献中没有显示的与商周同时代的南方其他文化发达的族群。四川广汉三星堆青铜雕像、江西新干大洋洲出土的大量青铜器，以及湖南发现的动物造型的青铜器证实了这些发达社会族群的存在。

把南部地区的发现和中原地区商代主要的青铜文化联系起来的有三个元素：由商人发展起来的复合范青铜铸造技术、某些青铜祭祀容器造型和一些玉器形制。这些共有的特征暗示南部地区与商之间有相当多的联系。

相关考古研究已证明，青铜器的造型和装饰风格从河南传到中国南方是在二里头文化时期。此后，青铜器铸造至少有两个平行的发展传统：一支在河南，一支在中国南方。它们在保持自身的地域特征之外，器物造型和纹饰上有许多相似性，这充分佐证了中原地区和南方地区的文化互动。中原妇好时期青铜器的造型、纹饰的创新和多样性，应视作对南方青铜器形制与纹饰借鉴的成果，说明了南北之间的文化交流带来艺术创作上的多样与创造。

---

① ［英］罗森（Jessica Rawson）：《中国古代的艺术与文化》，孙心菲等译，北京：北京大学出版社，2002年，第15页。

这个时期陶器对青铜器的复制也同样反映了这一点。

二、西风东渐：社会风尚与文化碰撞

在青铜器时代，早期青铜器本身对后来的瓷器发展产生了至关重要的影响，这种影响一直持续到汉代。汉代张骞出使西域亦成为中西交流的开端。

直至北魏统一中国北方，中国由此进入南北朝对峙时期。虽然中国仍是南北分裂，不过，因为南北各自的相对统一，社会相对稳定，中西交往又趋于频繁，特别是北朝各代，除北齐统治阶层为胡化汉人外，其他几个朝代皆由少数民族建立。汉民族文化与其他各族文化相互融合，形成了一个以汉文化为主体的极具包容性的多元文化。这样，就为外来文化的传播创造了有利条件。

6世纪末期，隋炀帝（569—618，604—618年在位）同萨珊波斯帝国建交。他的主要目的是获得波斯人的帮助，联合起来打击中亚和突厥游牧民族的政治和军事强势，瓦解他们的联合阵营，阻止他们入侵隋朝，同时刺激贸易以便获利。这个行动的结果之一就是将中国文化，特别是在陶瓷领域的文化，整体深远地传播出去。唐代丝路商贸活动的中心——长安城的优越地理位置，使得它能强烈地感受到来自异域的新影响。波斯一直以金属制品为传统，亚述、古波斯、安息和萨珊古国，均有可追溯到很多世纪前的金属工艺传统。6世纪末期，金银器皿、镶嵌着宝石的珠宝套装和为富有的贵族工作的外国工匠开始来到伟大的国际都市长安。外来工艺、货物都成了社会各阶层尤其是当时上流社会的消费对象与消费时尚。强大的资金支持加上上流阶层对于胡风之崇尚，带动了整个社会对于胡风的推崇，外来金银器大量输入。当外来金银器输入量无法满足贵族的消费需求时，国内亦开始仿制。而在近乎全民好胡的社会风尚引领下，贵重材质的金银器非一般阶层所能奢求，因此，就形成运用廉价材料对贵重材质器皿造型的仿制，而陶瓷无疑是最好的选择。同时，各种外来装饰纹样也被大量运用，工艺手法也被借鉴。陶瓷初始是完全的仿效，甚至银罐上的后经典萨珊风格都可以找到[①]。但唐人在接纳了外来的器形和纹饰后，很快摒弃了完全模仿，不断地进行改造，植入了自己的装饰主题。

我们可以看到，隋唐时期的陶瓷器无论是在造型上还是装饰纹样上，都深受外来文化的影响，但并不是一味模仿外来器物，而是在模仿、借鉴的进程中不断地融入自身的文化传统，整体上看经历了一个由模仿、融合再到创造的过程。实质上是在东西方的文化碰撞中，始终伴随着以华夏之风对外来文化元素加以融合、改造，直至形成新的、完全中国化的造型艺术。

三、铄古铸今：穿越时空的对话

复兴古代礼制的实际需要，激发了两宋时期探究古代器物传统的兴趣和热情，从而有了金石学的兴起。"文化的繁荣还引出了金石学的昌盛，朝廷、士子大力搜集、研究古代的青铜和玉器

[①] Margaret Medley, *Metalwork and Chinese Ceramics*, London: University of London, (1972), p.4.

等,这就越发刺激了对古代器物的倾慕,鼓舞了官私制作的仿古。从徽宗时代开始,由官府作坊导引,仿古制作掀起重重波涛,并对后世影响深远。"①

两宋陶瓷的辉煌发展立足于复兴传统的文化背景之上,唐朝的"外来趣味"在两宋被降至最低,那些浮于器表、装饰花俏繁缛的陶瓷器不再受人追捧。代之崛起的是大量理性而清新的模仿古铜器、古玉器造型的瓷器和手法多样、颇具匠心巧意的日常器皿。

对宋人而言,陶瓷既是社会生活的,也是文化艺术的。虽然古人的生活方式变化缓慢,但审美观念不但更新快,且因人而异。而器物本身呈现在造型与装饰上的变化即是对丰富信息的隐藏——既涉及生活方式又暗藏了时代思想。多元的社会文化因素从不同方向影响了两宋的瓷器形制,进而推动了其风格上的变化。

徽宗朝再现三代的制礼作乐及古器物收藏的风气,导致了宋官方仿古器大量铸造并广泛地应用在复古的三代礼制中,包括铸九鼎、建明堂以及君赐臣家庙祭器的家庙制度、大晟乐制等。"但无论是在朝还是在野的青铜铸品,基本上并没有成功地成为两宋艺术的主体代表。宋仿古青铜艺术并不像建筑与雕刻在欧洲文艺复兴中的地位一样,在艺术发展上开拓出创新之路。"②

而两宋瓷器的发展,亦穿行于官、民两个系统之中。官方系统的器物造型、装饰主要服务于礼仪,而民间系统的瓷器产品主

---

① 尚刚:《天工开物:古代工艺美术》,北京:生活·读书·新知三联书店,2007年,第79页。
② 陈芳妹:《宋古器物学的兴起与宋仿古铜器》,《台湾大学美术史研究集刊》,2001年3月总10期,第90页。

要服务于日常生活。

从前面的讨论中,可以看出官方系统的仿古瓷器在器形上基本是以三代青铜礼器为模本的,其样式通过器形的对比便能轻易辨识。从社会文化层面考量,正是宋人重礼、重器的思想风潮与探索精神共同作用从而推动了从北宋延续至南宋的陶瓷仿古风,进而创造出了大量合乎"礼"、适于"时"的陶瓷器皿。

对于礼的强调,使得器物的质地美被摆在了首要位置。质地要与造型和谐映衬,这在宋代很有代表性。这为瓷器制作的创造与发展留下了更大的表现空间,而这个空间主要是通过釉质的玉质感和天青的釉色来实现的。古朴刚劲的造型、温润的釉质、典雅含蓄的釉色,使得两宋成为中国瓷器发展史上一个最灿烂辉煌的时代。

虽然民间用器与官方用器在"雅"与"俗"的划分上没有清晰明确的界限,但从维持等级身份的角度出发,用料与品质就成了维系等级差别的关键。文献上一再提及的两宋时期关于金、银、玉、铜、玳瑁等贵重材料使用的限制性政策,使得抟土而成、并非昂贵难得的瓷器成为贵重材质器皿的代用品。而基于对奢侈用品的追求与相应的审美观的风行,贵重材质器皿的造型、质感和纹饰,往往成为瓷器模仿的对象和取法的典范。

宋代白瓷细薄的胎体与莹亮的釉色便被认为是对银器质感的模仿;而近乎乳浊的厚釉青瓷,似是要追求表面温润如玉的效果;南宋建窑、吉州窑中的玳瑁斑、兔毫釉及鹧鸪斑等瓷器,则体现了民间制瓷时对自然界中珍稀动物自身图案的借鉴。

在两宋瓷器的样式上,花口、葵口、菱口及某些纹饰,无疑是来自金银器皿的造型样式,并成为实用器皿中的官样。两宋时期广泛应用的相同技术如雕塑、印花、覆烧,以及不同窑系出现的相同的莲荷、婴戏、牡丹等纹样,都说明了朝廷要求各窑场"制样需索"[1],"官样瓷器呈现了官方喜好或官方提倡的审美取向,使南北各窑系传递共同的美感"[2]。官方在积极鼓励并提倡瓷器生产的同时,对瓷器生产的管理亦有所加强。瓷器虽为常见之物,但是部分器物也不能为民间所用。宋代的窑与样,使两宋陶瓷的官方用器与民间用器的界限极为明显,这种界限是通过瓷器的造型(纹饰)和质地来区分的。但是,窑与样的控制与推行,并没有从本质上划分开宋人不同阶层间文化选择与审美的高低、优劣。

综前所述,我们逐渐觉察到了蕴藏于两宋瓷器造型艺术中突出的三个特点,即造型中的仿古风、重质地而轻装饰以及模拟自然与其他贵重材质的器皿。一个时代文化艺术的复兴,恰恰需要多种文化元素的共同作用,也势必会为后世提供借鉴。

复兴三代礼制使宋人把目光聚焦于传统,展开了当世与古代的跨越时空的对话。这是一种传统与当代的文化交集,也是宋人立足于当时的文化选择。

简约、含蓄、隽永是宋代的美学追求。宋代的工匠对瓷器釉面质感、釉色的深入研究与独特创造,无不体现了两宋物质文化的气质和精神。他们用地上的泥土烧制天空的颜色,瓷器胎壁无限接近更薄的金银器器面。这些除了技术工艺上的卓越成就之外,更凸显了宋人理性、宁静、素雅的特点,在凝神静观中极尽精微的审美指向。

取法自然,以自然界中的相关元素作为瓷器装饰的手段。两

---

[1] (宋)庄绰:《鸡肋编》,北京:中华书局,1983年,第6页。
[2] 蔡玫芬:《官府与官样——浅论影响宋代瓷器发展的官方因素》,颜娟英:《美术与考古》,北京:中国大百科全书出版社,2005年,第587页。

宋民间窑场的工匠用多样的手法将自然界的花鸟鱼虫、仿生图案、生活百态应用于瓷器之上，极大地丰富了两宋瓷器的工艺特点和表现趣味。

由此，我们探察到了两宋瓷器发展的不同维度——既是模仿的，也是创造的；既是循古的，也是标新的；既是功能的，也是审美的。

参考文献

1. 专著

中国硅酸盐学会：《中国陶瓷史》，北京：文物出版社，1982年。
冯先铭：《中国陶瓷史》，北京：文物出版社，1982年。
叶喆民：《中国陶瓷史》，北京：生活·读书·新知三联书店，2006年。
熊寥：《中国陶瓷美术史》，北京：紫禁城出版社，1993年。
李知宴：《中国釉陶艺术》，香港：两木出版社，1989年。
中国硅酸盐学会：《中国古陶瓷论文集》，北京：文物出版社，1982年。
熊寥：《中国陶瓷古籍集成》，南昌：江西科学技术出版社，1999年。
安金槐：《中国陶瓷全集》：上海：上海人民美术出版社，2000年。
权奎山、秦大树等：《中国出土瓷器全集》，北京：科学出版社，2008年。
国家文物局：《中国文物精华大辞典·陶瓷卷》，上海：上海辞书出版社，1995年。
陈万里：《中国青瓷史略》，上海：上海人民出版社，2005年。
赵庆钢、张志忠：《千年邢窑》，北京：文物出版社，2007年。
周世荣：《唐风妙彩——长沙窑精品与研究》，长沙：湖南美术出版社，2008年。
穆青：《定瓷艺术》，石家庄：河北教育出版社，2002年。
李辉炳：《宋代官窑瓷器》，北京：紫禁城出版社，1992年。
陕西省考古研究所：《宋代耀州窑址》，北京：文物出版社，1998年。
北京大学考古学系等：《观台磁州窑址》，北京：文物出版社，1997年。
浙江省文物考古研究所：《寺龙口越窑址》，北京：文物出版社，2002年。
陕西省考古研究所：《唐代黄堡窑址》，北京：文物出版社，1992年。
河南省文物考古研究所等：《黄冶窑考古新发现》，郑州：大象出版社，2005年。
宁夏固原博物馆：《固原北魏墓漆棺画》，银川：宁夏人民出版社，1988年。
湖南省楚史研究会：《楚史与楚文化研究》，长沙：求索杂志社，1987年。
陈振裕：《楚文化与漆器研究》，北京：科学出版社，2003年。

张正明:《楚文化史》,上海:上海人民出版社,1987年。
半坡博物馆等:《姜寨——新石器时代遗址发掘报告》,北京:文物出版社,1988年。
山东省文物管理处、济南市博物馆:《大汶口——新石器时代墓葬发掘报告》,北京:文物出版社,1974年。
河南省文物考古研究所:《三门峡庙底沟唐宋墓葬》,郑州:大象出版社,2006年。
广州市文物管理委员会等:《西汉南越王墓》,北京:文物出版社,1991年。
中国科学院考古研究所:《西安郊区隋唐墓》,北京:科学出版社,1966年。
宁夏回族自治区固原博物馆、中日原州联合考古队:《原州古墓集成》,北京:文物出版社,1999年。
陕西历史博物馆等:《花舞大唐春:何家村遗宝精粹》,北京:文物出版社,2003年。
许倬云、张忠培:《中国考古学的跨世纪反思》,香港:商务印书馆,1999年。
尚刚:《天工开物:古代工艺美术》,北京:生活·读书·新知三联书店,2007年。
颜娟英:《美术与考古》,北京:中国大百科全书出版社,2005年。
蒲慕州:《墓葬与生死:中国古代宗教之省思》,台北:联经出版事业公司,1993年。
马承源:《中国青铜器》,上海:上海古籍出版社,1988年。
卢兆荫:《玉振金声——玉器·金银器考古学研究》,北京:科学出版社,2007年。
向达:《唐代长安与西域文明》,石家庄:河北教育出版社,2001年。
尚刚:《隋唐五代工艺美术史》,北京:人民美术出版社,2005年。
陕西省博物馆:《汉唐丝绸之路文物精华》,香港:龙出版有限公司,1990年。
姜伯勤:《敦煌吐鲁番文书与丝绸之路》,北京:文物出版社,1994年。
孙机、杨泓:《文物丛谈》,北京:文物出版社,1991年。
孙机:《中国圣火》,沈阳:辽宁教育出版社,1996年。
李零:《铄古铸今》,北京:生活·读书·新知三联书店,2007年。
李零:《出山与入塞》,北京:文物出版社,2004年。
张光直:《美术、神话与祭祀》,郭净译,沈阳:辽宁教育出版社,2002年。
杨生民:《汉代社会性质研究》,北京:北京师范学院出版社,1993年。
荣新江:《中古中国与外来文明》,北京:生活·读书·新知三联书店,2001年。
荣新江、张志清:《从撒马尔干到长安:粟特人在中国的文化遗迹》,北京:北京图书馆出版社,2004年。
齐东方:《唐代金银器研究》,北京:中国社会科学出版社,1999年。
太原市文物考古研究所:《北齐娄叡墓》,北京:文物出版社,2004年。

张渭莲:《商文明的形成》,北京:文物出版社,2008年。

容庚:《商周彝器通考》,北京:中华书局,2012年。

杨天宇:《礼记译注》,上海:上海古籍出版社,2004年。

范祥雍:《洛阳伽蓝记校注》,上海:上海古籍出版社,1978年。

徐飚:《成器之道:先秦工艺造物思想研究》,南京:江苏美术出版社,2008年。

[美]薛爱华(Edward Hetzel Schafer):《撒马尔罕的金桃——唐代舶来品研究》,吴玉贵译,北京:社会科学文献出版社,2016年。

[美]薛爱华(Edward Hetzel Schafer):《唐代的外来文明》,吴玉贵译,西安:陕西师范大学出版社,2005年。

[美]杨晓能:《另一种古史:青铜器纹饰、图形文字与图像铭文的解读》,唐际根、孙亚冰译,北京:生活·读书·新知三联书店,2008年。

[美]杜朴(Robert L. Thorp)、[美]文以诚(Richard Ellis Vinograd):《中国艺术与文化》,张欣译,北京:世界图书出版公司,2011年。

[美]巫鸿:《黄泉下的美术》,施杰译,北京:生活·读书·新知三联书店,2010年。

[美]巫鸿:《中国古代艺术与建筑中的"纪念碑性"》,李清泉、郑岩等译,上海:上海世纪出版集团,2009年。

[美]包弼德(Peter K.Bol):《斯文:唐宋思想的转型》,刘宁译,南京:江苏人民出版社,2000年。

[英]罗森(Jessica Rawson):《中国古代的艺术与文化》,孙心菲等译,北京:北京大学出版社,2002年。

[德]雷德侯(Lothar Ledderose):《万物:中国艺术中的模件化和规模化生产》,张总等译,北京:生活·读书·新知三联书店,2005年。

[法]沙畹(Edouard Chavannes):《西突厥史料》,冯承钧译,北京:中华书局,2004年。

2. 论文

陕西省文物管理委员会:《唐永泰公主墓发掘简报》,《文物》1964年第1期。

周到:《河南濮阳北齐李云墓出土的瓷器和墓志》,《考古》1964年第9期。

大同市博物馆、山西省文物工作委员会:《山西大同石家寨北魏司马金龙墓》,《文物》1972年第3期。

河南省博物馆:《河南安阳北齐范粹墓发掘简报》,《文物》1972年第1期。

陕西省博物馆、文管会：《唐李寿墓发掘简报》，《文物》1974年第9期。
夏鼐：《近年中国出土的萨珊朝文物》，《考古》1978年第2期。
王克林：《北齐库狄迴洛墓》，《考古学报》1979年第3期。
李知宴：《三国、两晋、南北朝制瓷业的成就》，《文物》1979年第2期。
李辉柄：《青釉凤头龙柄壶年代考》，《故宫博物院院刊》1980年第1期。
严文明：《龙山文化和龙山时代》，《文物》1981年第6期。
朱捷元等：《西安西郊出土唐"宣徽酒坊"银酒注》，《考古与文物》1982年第1期。
李毓芳：《咸阳市出土一件唐代金壶》，《考古与文物》1982年第1期。
刘新园等：《景德镇湖田窑各期碗类装烧工艺考》，《文物》1982年第5期。
马玉基：《大同市小站村花圪塔台北魏墓清理简报》，《文物》1983年第8期。
山西省考古研究所、太原市文物管理委员会：《太原市北齐娄叡墓发掘简报》，《文物》1983年第10期。
宿白：《太原北齐娄叡墓参观记》，《文物》1983年第10期。
冯先铭：《从娄叡墓出土文物谈北齐陶瓷特征》，《文物》1983年第10期。
李知宴：《北朝陶瓷研究的新资料》，《文物》1983年第10期。
高至喜：《长沙出土唐五代白瓷器的研究》，《文物》1984年第1期。
贺利：《谈谈凤凰及陶瓷器上的凤纹》，《故宫博物院院刊》1986年第1期。
李辉炳等：《论定窑烧瓷工艺的发展与历史分期》，《考古》1987年第12期。
韩伟等：《扶风法门寺塔唐代地宫发掘简报》，《文物》1988年第10期。
安峥地：《唐房陵大长公主墓清理简报》，《文博》1990年第1期。
孙机：《论西安何家村出土的玛瑙兽首杯》，《文物》1991年第6期。
杜金鹏：《封顶盉研究》，《考古学报》1992年第1期。
山西省考古研究所：《太原隋斛律徹墓清理简报》，《文物》1992年第10期。
马文宽：《长沙窑瓷装饰艺术中的某些伊斯兰风格》，《文物》1993年第5期。
孙机：《唐李寿石椁线刻〈侍女图〉、〈乐舞图〉散记》（上），《文物》1996年第5期。
林梅村：《中国境内出土带铭文的波斯和中亚银器》，《文物》1997年第9期。
孙培良：《略谈大同市南郊出土的几件银器和铜器》，《文物》1977年第9期。
张东：《唐代金银器对陶瓷造型影响问题的再思考》，《上海博物馆集刊》第8期，2000年。
谢明良：《记黑石号（Batu Hitam）沉船中的中国陶瓷器》，台湾大学艺术史研究所编辑委员会：《美术史研究集刊》第13期，台北：台湾大学艺术史研究所，

2002年。

荣新江：《安史之乱后粟特胡人的动向》，《暨南史学》第2辑，2003年。

陕西省考古研究所：《唐节愍太子墓发掘简报》，《考古与文物》2004年第4期。

王少石：《一件三国越窑白瓷熊灯引起的思考》，《收藏家》2005年第8期。

彭善国：《唐代陶瓷凤首壶的类型、渊源与流向》，《中原文物》2006年第4期。

易立：《唐代凤首壶杂识》，《文物春秋》2006年第5期。

赵德云：《从鸡头壶到龙柄壶的发展——兼析外来文化因素在这一过程中的作用》，《考古与文物》2007年第1期。

梁炳猛：《汉唐时期的合浦与北部湾海上丝绸之路》，《创新》2010年第1期。

孔德铭、焦鹏、申明清：《河南安阳县北齐贾进墓》，《考古》2011年第4期。

3. 古籍

（春秋战国）左丘明：《左传》，明嘉靖刻本。

（春秋战国）孔丘等：《论语》，《四部丛刊》景日本正平本。

（战国）孟轲：《孟子》，《四部丛刊》景宋大字本。

（春秋战国）墨翟：《墨子》，明《正统道藏》本。

（战国）韩非：《韩非子》，《四部丛刊》景清景宋钞校本。

（汉）司马迁：《史记》，清武英殿刻本。

（汉）班固：《汉书》，清武英殿刻本。

（唐）李匡乂：《资暇集》，明《顾氏文房小说》本。

（宋）欧阳修：《集古录》，清文渊阁《四库全书》本。

（宋）赵彦卫：《云麓漫钞》，清咸丰《涉闻梓旧》本。

（宋）范晔：《后汉书》，《百衲本》宋绍熙刻本。

（宋）王谠：《唐语林》，清《惜阴轩丛书》本。

（宋）朱熹：《晦庵别集》，《四部丛刊》景明嘉靖本。

（宋）郑樵：《通志》，清文渊阁《四库全书》本。

（宋）王黼：《宣和博古图》，清文渊阁《四库全书》本。

（宋）王应麟：《玉海》，清文渊阁《四库全书》本。

（宋）叶梦得：《避暑录话》，明《津逮秘书》本。

（宋）礼部太常寺纂修、（清）徐松辑：《中兴礼书》，清蒋氏宝彝堂钞本。

（宋）宋祁、欧阳修、范镇等：《新唐书》，清乾隆武英殿刻本。

（宋）赵汝愚：《诸臣奏议》，宋淳祐刻元明递修本。
（宋）吕祖谦：《宋文鉴》，《四部丛刊》景宋刊本。
（宋）刘敞：《公是集》，清文渊阁《四库全书》补配清文津阁《四库全书》本。
（宋）欧阳修撰、李伟国点校：《归田录》，北京：中华书局，1981年。
（宋）陈均：《宋九朝编年备要》，宋绍定刻本。
（宋）庄绰：《鸡肋编》，北京：中华书局，1983年。
（元）脱脱等：《宋史》，清武英殿刻本。
（元）陶宗仪：《南村辍耕录》，《四部丛刊》三编景元本。
（清）张沐：《礼记疏略》，清嘉庆二十年南昌府学重刊宋本《十三经注疏》本。
（清）徐松：《宋会要辑稿》，稿本。
（清）嵇璜、刘墉：《续通典》，清文渊阁《四库全书》本。

后　记

"抟土制器，焚木而陶。"陶瓷，尤其是高古陶瓷承载了中华民族对土与火的礼敬，也印刻着先民质朴的生存智慧与生命美学。写作一本解读高古陶瓷造型艺术的书，一直是笔者最大的心愿。

笔者对高古陶瓷的兴趣始于二十余年前，最初只是欣赏与玩味，进而是不自觉地钻研与琢磨。在积累大量的视觉经验之后，笔者对各个时期、不同窑口陶瓷的形制与工艺，均有一定程度的把握。近十年来，笔者注意到漫漫历史长河中金属器与陶瓷器间耐人寻味的有趣互动，由此对陶瓷造型与风格演变背后复杂的历史成因产生了探求欲，这或许就是本书的缘起。

不同于一般考古学、古器物学以及工艺美术史领域的相关研究，本书着意于陶瓷造型的形式创新问题。换句话说，本书关注的是作为"艺术品"的陶瓷。本书有意选取先秦、隋唐、两宋三个历史阶段，针对各个阶段陶瓷造型的时代特征进行还原性考察，并着意于这些时代特征形成与演进背后种种因素互相作用的动态过程。总而言之，本书试图将陶瓷的造型问题上升到艺术风格学的层面。

当然，本书还有一个意图，或者说是笔者基于自身专业的一点思考。通过对上述三个历史阶段陶瓷造型的历史观察，我们或许还可以重新定义艺术创作中模仿、融合与创造三个概念的内涵及其关系，解码艺术作品中蕴含着的社会文化标本元素，从而以创作者的视角挖掘形式创新的方法逻辑,重新审视当代艺术创作在东西方文化交汇背景下的取向与定位。

在本书付梓之际,由衷感谢钟涵先生在笔者于中央美术学院攻读博士学位期间的谆谆教导,先生严谨的治学精神和宽和的为人之道垂范后学,令笔者受益终身。特别感谢郑岩教授对本书写作的大力支持。本书的写作,还曾得到深圳市考古所、深圳市博物馆等单位的协助,以及梅林、齐东方、殷双喜、李清泉、张鹏、任之录、郭学雷等诸位师友的指教和帮助,尤其在任之录先生及其学生的帮助下,书中图片的质量得到了极大的提升。另感谢陈婧莎老师的校对。谨向以上单位及各位师友致以最诚挚的谢意!

最后,感谢李军教授为本书作序!本书的出版,还要感谢生活·读书·新知三联书店的支持,以及各位编辑的敏锐、细致与耐心!

由于考古材料和个人能力所限,书中难免还有疏漏,敬请各方专家和读者批评指正!